周蓓 主編

專題史叢書

王桐齡 著

河南人民出版社

中國歷代黨爭史

通過追述和剖析黨派與黨派之間、黨派與皇權之間、人與人之間權力鬥爭的歷史，從一個獨特角度揭示了中國歷代王朝的盛衰規律

圖書在版編目(CIP)數據

中國歷代黨争史 / 王桐齡著. —鄭州 : 河南人民出版社, 2016. 4(2017. 7 重印)
(專題史叢書 / 周蓓主編)
ISBN 978 - 7 - 215 - 10166 - 1

Ⅰ. ①中… Ⅱ. ①王… Ⅲ. ①政治鬥争 - 歷史 - 中國 - 古代 Ⅳ. ①D691. 74

中國版本圖書館 CIP 數據核字(2016)第 090083 號

河南人民出版社出版發行
(地址:鄭州市經五路 66 號　郵政編碼:450002　電話:65788063)
新華書店經銷　河南新華印刷集團有限公司印刷
開本 710 毫米×1000 毫米　1/16　印張 16
字數 230 千字
2016 年 4 月第 1 版　2017 年 7 月第 4 次印刷

定價 : 104. 00 圓

出版前言

中國現代學術體系是在晚清西學東漸的大潮中逐步形成的。至民國初建，中央政治權威進一步分散和削弱，加之新文化運動帶給國人思想上的空前解放，新學的啓蒙，新知識分子的産生，民國學術如草長鶯飛，進入一個自由而蓬勃的時代。中國傳統學科乃中國學術之根基與菁華所在，民國學人采用『取今復古，别立新宗』之方法，引入西方的學術觀念，積極改造，使史學、文學等學科向現代學術方向轉型。此外，大力推介西方社會科學的新學科和自然科學，在學習、借鑒乃至移植西方現代學術話語和研究範式的過程中，逐漸建立中國現代學科，使中國的學科門類迅速擴展。一時間，新舊更迭，中西交流，百花齊放，萬壑争流，開創了中國現代學術的源頭。

伴隨知識轉型和研究範式轉换而來的，還有學術著作撰寫方式的創新。中國古代的著作向來以單篇流傳，經後人整理匯編後，方以成册成集的面目出現并持續傳播。直到十九世紀末，東西方的歷史編撰體裁不外乎多卷本的編年體、紀傳體和紀事本末體等，章節體的出現標志着近代西方學術規範的産生和新史學的興起。章節體具有依時間順序，按章節編排，因事立題，分篇綜論；既分門别類，又綜合通貫的特點。以章、節搭建起論述之框架，結構分明，邏輯清晰，較傳統的撰寫體裁容量大、系統性强。它的傳入，使中國現代學術體系從内容到形式被納入了全球化的軌道。民國時期專題史的研究、譯介、編纂、出版恰恰是在這樣的背景下欣欣而發，是學術的實驗場，也是歷史的記録儀。編選『民國專題史』叢書的初衷正是爲了從一個側面展示中國學術從傳統向現代過渡的歷史進程。

專題史是對一個學科歷史的總結，是學科入門的必備和學科研究的基礎，也是對一個時代艱深新鋭問題的解答，是學術研究的高點。民國專題史著作中，既包含通論某一學科全部或一時代（區域、國别）的變化過程的，又囊括對一時代或一問題作特殊研究的，還有少部分是對某一專題的史料進行收集的。原創與翻譯并重，翻譯的底本大多選擇該學科的代表著作或歐美大學普及教本，兼顧權威性和流行性，其中日本學者的論著占據了相當比重。日本與中國同屬東亞儒家文化圈，他們在接納西方學術思想和研究模式時，已作了某種消化與調適，從思維轉换的角度看，更便于中國借鑒和利用，他們的著作因而被時人廣泛引進。

與當代學術研究日趨專業化、專門化、專家化的『窄化』道路迥乎不同的是，中國傳統學術崇尚『學問主通不主專，貴通人不尚專家』的通識型治學門徑，處于過渡轉型期的民國學術在不同程度上保留了這種特徵。民國學術大師諸學科貫通一脉，上千年縱横捭闔之功力自不待冗言，外交家著倫理政治史、文學家著哲學史、化學家著戰爭史等亦不乏其人，民國專題史研究呈現出開放、融通、跨界撰述的特點。與此同時必須看到，自晚清以來，中國的命運就在外侮屢犯、內亂頻仍的窘境中跌宕彷徨，民族存亡仿若命懸一綫。這股以創建學科、總結經驗、解决問題爲指歸的專題史出版風潮背後，包裹着民國學人企望以西學爲工具拯民族于衰微的探索精神，及以學術救亡的愛國之心。梁任公曾言：『史學者，學問之最博大而最切要者也，國民之明鏡也，愛國心之源泉也。』這種位卑未敢忘憂國的歷史使命感和國民意識是今人無法漠視和遺忘的。

『民國專題史』叢書收録的範圍包括現代各個學科，不僅限于人文社會科學，學科分類以《民國總書目》的分科爲標準，計有哲學、宗教、社會、政治、法律、軍事、經濟、文化、藝術、教育、語言文字、中國文學、外國文學、中國歷史、西方史、自然科學、醫學、工業、交通共19個學科門類。本叢書分輯整理出版，內不分科，單本發行，方便讀者按需索驥。既可作爲大專院校圖書館、學術研究機構館藏之必備資源，也可滿足個人研讀或興趣之收藏。

與目前市場已有的一些專題史叢書相比，『民國專題史』叢書具有規模大、學科全、選本精、原版影印的特點。本叢書選目首重作者的首創、權威和著作影響力，尤其注重選本的稀見性。所謂稀見，即建國後没有再版，且多數圖書館没有收藏，或即便有收藏，也是歸于非公開的珍本之列予以保存，普通讀者難以借閲。部分圖書雖有電子版，但作爲學術研究的經典原著讀本，紙質版本更利于記憶和研究之用。本叢書精揀版本最早、品相最佳的原版圖書作爲底本，因而還具有很高的版本收藏價值。

『民國專題史』的著作是民國學者對于那個時代諸問題之探究，往往有獨到之處，無論其資料、觀點短長得失如何，要之在中國現代學術史的構建與發展進程中，自有其開宗立論之地位。

中國歷代黨爭史目錄

目錄　四

中國歷代黨爭史

任邱王桐齡著

序論

第一節　中國主權者之位置

西洋歷史爲進化的。中國歷史爲循環的。西洋歷史如螺旋形。愈轉而愈向上。雖時有伸縮。然平均仍向上也。中國歷史如轉磨形。百轉不離故處。雖時有進退。然進退之差。仍在舊有歷史範圍之內伸縮。不能逸出範圍也。知此者可與談中國之政局。

中國今日政治上之實權果安在乎。主權者果何人乎。此讀者所急欲問也。總統也。內閣也。表面上有行政權。實際上無行政權也。參議院也。衆議院也。表面上有立法權。實際上無立法權也。大理院也。高等審檢廳也。地方審檢廳也。表面上有司法權。實際上無司法權也。三權分立之說。在西洋各國爲事實。在中國爲具文。在西洋各國爲維持國脈之本源。在中國爲粉飾文明之器具。所謂「橘生江南爲橘。生江北爲枳。」在他國行之。而國富兵強人民安樂者。在我國行之。乃適得其反。東施效顰。只增其醜。沐猴而冠。有其軀殼。無其精神。中國今日之效法西洋近之矣。

然則今日中國政治上之實權果安在乎。主權者果何人乎。此讀者所急欲問也。或曰。財政竭蹶。司農仰屋。恃借債爲生活。海關以外人爲稅務司。鹽務聘外人爲稽核。郵政任外人爲局長。鐵路聘外人爲技師。主權剝落。莫此爲甚。然此不過一部分耳。日本强國。亦常有外債。維新之初。以至現在。時常聘用客卿。中國人才缺乏。遠甚於日本。安得不借材異地。此在人駕馭之耳。安見其必有流弊也。或曰。藩屬剪棄。日蹙百里。緣邊緣江緣海各省區列强已劃定勢力範圍。均勢所牽。將及腹地。用人行政之權。時常受人掣肘。此外如領事裁判制度不取消。中國司法權不完備。海關協定稅則制度不取消。中國財政權不完備。此當今所深憂也。然而非其至也。

中國政界。時常有一種潛勢力。瀰漫充塞於大氣間。元首揆席。雖知之而無如之何。且時常以補苴彌縫。買其歡心爲必要。否則諸事受其牽掣排斥反對。或不能安於位以去。以袁項城之英明狡悍。而當時總統府秘書長綽號大財神某公。猶有二總統之徽號。至於黎黃陂之忠厚。馮河間之圓滑。徐東海之溫恭。其必不能與此等潛勢力抗。

而事事不得不仰其鼻息者。勢使然也。黃陂當國時代。前長江巡閱使安徽督軍復辟罪魁某公。綽號太上總統。靳內閣成立以後。某巡閱使某公。爲靳揆之後見人。綽號太上總理。以此等人物。監督中央行政元首揆席。事事受其牽掣。萬機其何能理。嗚呼。蟄龍入井。螻蟻困人。老驥伏櫪。駑駘見笑。今日中國之當局者似之矣。

中國今日動言裁減行政費。然而總統府各部院之顧問，諮議，行走，任事等額外職員。經濟調查局之調查員多者數百人。少亦數十人。將軍府之上將軍，將軍，參軍。陸軍部之差遣，候差等之伴食官員。少亦數百人。多者至數千人。其每月薪水自數十元數百元，以至千元不等。其位置最優者。待遇恆等於各部長官。問何以不急急裁撤。則前者豢養政客。後者豢養軍人。政府方亟亟以買其歡心爲必要。而何敢言裁撤也。 裁兵之呼聲。震動全國。友邦亦時常來忠告。政府亦既知之。亦既行之矣。然而裁者自裁。添者自添。勢敗者裁。勢盛者添。一年以來。湖南張敬堯之敗兵。湖北吳光新之潰兵。江西張宗昌之散兵。以及北方安福俱樂部所統率之近畿各師與邊防軍。亦既陸續裁撤矣。然而某某巡閱使某某督軍所新招之兵。數目且與前者相等。截留常關稅款，地丁稅款，鐵路收入，以供兵餉。致使中央財源枯竭。且時常派部下軍人向中央索款。甚且每日在財政部坐候。偶有收入。不問其何自來。亦不問其有無急需。輒搜括以去。名曰守提。一人倡之。衆人效之。於是財政部遂債臺高築。無自由分配之權力。政府驚愕駭怪。飲恨吞聲。而無可如何也。

第二節　中國政治上二大潛勢力

然則今日中國政治上之實權果安在乎。主權者果何人乎。此讀者所急欲問也。著者曰。今日能左右中國政局者有二大潛勢力。其一爲純舊式之軍人。割據土地。壟斷政權。稱王稱帝。傳之子孫。其所欣慕艷羨者。爲魏武帝晉宣帝宋武帝梁武帝等軍人出身之英主。其所效法者。爲漢末之守牧。唐末之藩鎭。後五代十八國之君主。其部下多綠林豪傑。凡鹽梟，棒客，蒙匪鬍匪以及哥老會大刀會三點會等餘孽。皆爲其中堅人物。其所拳拳服膺之教科書。爲東周列國志，三國演義，隋唐演義，殘唐演義，水滸傳精忠傳等之小說。所謂「大碗酒，大塊肉，分秤稱金銀，論套穿衣服」等思想。充塞於此等人物之腦海。遂演成今日晦盲否塞反覆沈痼之天下。是爲第一種潛勢力。 其二爲半新式之政客。標榜主義。號召黨羽。引誘同類。排斥異己。面上時現憂國之容。口中不乏哀時之語。聆其議論。人人皆稷契皋夔。

察其行事。處處皆魑魅鬼蜮。把持國會。挑撥軍人。挾制政府。盤據要津。政府偶有舉措。非得其同意。一步不能行。欲得其同意。非金錢不爲功。名節大防。掃地以盡。翻雲覆雨。詭詐萬端。朝爲親友。暮爲仇讐。利同則合。勢敗則分。盡人皆機心。舉國皆荆棘。遂使元首授席。如觸藩之羊。進退維谷。兩姑之婦。左右爲難。是爲第二種潛勢力。

此二種勢力起於何時。以何因緣而發展。此讀者所急欲聞也。著者曰。第一種潛勢力。起於太平天國之亂。中央政府兵力脆弱。無力蕩平。曾胡左李諸公。皆以一介書生。率數千農夫。馳逐數省。轉戰十年。及其成功。而湘軍淮軍之勢力徧天下。是爲武人得政之始。民國初年。項城以武人當國。增加地方行政長官權。駐屯各省之將軍。皆以統兵大員。兼理司法行政。於是地方政府之權。逐漸鞏固。釀成半獨立之勢。項成篡國。蔡松坡以雲南兵討之。貴州廣西皆與爲聲援。及其成功。而地方政府之權再膨脹。漸成尾大不掉之勢。黃陂在職。與合肥總理意見相左。徐州某大員出而調停。一再開督軍會議於徐州。於天津。旋自引兵入京。釀成復辟之禍。合肥以近畿兵倒之。西南各省以護法爲口實。與中央分離。安福俱樂部某首領。利用合肥爲傀儡。樹勢力於西北。長江下游三督軍。獨樹一幟。不肯附和。隱然有舉足左右便有輕重之勢。自此以後。各省區統兵大員。皆亟亟擴張個人勢力。用人行政之權。一切不受中央政府節制。地方收入。皆截留本省。作養兵之費。中央政府爲安福俱樂部所把持。亦亟亟借外債養兵。欲以武力統一南北。及直奉聯兵倒安福俱樂部。於是中央用人行政之權。遂完全受地方監督矣。

第二種潛勢力發生之時。與第一種相先後。太平天國失敗以後。其餘黨分竄美洲南洋。組織秘密結社。如大刀會，三點會等。以倒滿洲政府爲目的。是爲會黨之始。孫中山以原籍廣東人。生長外國。先天上既有與滿洲朝廷不相容之勢。法越戰役以後。乘民氣憤懣。創立興中會。留東學生黃興等從而附和之。屢次起兵。欲倒政府。是爲革命黨之始。甲午戰役以後。清德宗銳意變法。登庸新進之士。康有爲梁啓超等。欲效法歐美。發憤自強。頑固大臣不平。奉文宗之妃當時已歸政之西太后那拉氏爲主。行クデター(Chup-d'etat)之事。幽德宗於瀛臺。殺參贊機務軍機章京譚嗣同等六人。於是康有爲亡英倫。梁啓超走日本。組織報館。刊行雜誌。鼓吹立憲之事。留日留歐留美學生之大多數翕然和之。是爲立憲黨之始。民國成立以後。革命黨合併若干小黨爲一大組合。定名國民黨。立憲黨亦合併若干小黨爲一大組合改爲進步黨。於是中國政局驟現出二大黨對峙形勢。而實權在項城手。兩大政黨皆無如之何。內部復意見紛歧。不能一致。第二次革命失敗以後。國民黨勢力失墜。項城僭號之時。進步黨內部亦瓦解。有黠者乘機而起。奉合肥相國爲傀儡。引誘私黨。盤據要津。隱握實權。是爲安福俱樂部。及安福俱樂部既倒。政黨無復大有勢力者存在。於是以金錢結合之團體。奉大財神某公爲首領。號稱舊交通系者。乃操縱中央政權矣。

第三節　中國歷史上之亂源與現在亂源之比較

以上所舉爲武人與政黨勃發之近因。至其遠因，則胚胎於中國數千年歷史。非一朝一夕所能釀成者也。由來中國爲革命頻繁之國。無論嬴秦，劉漢，李唐，趙宋，朱明，多或數百年。少則數十年，或數年。必起內亂一次。甚或因之而易姓。其中原因複雜。不勝枚舉。然綜其最重要原因。不過數端。

一，人主昏暴。如夏桀，商紂，周厲王，幽王之類是也。或庸愚。如秦二世，西漢之成帝，哀帝，東漢之桓帝，靈帝，蜀漢後主，西晉惠帝，東晉孝武帝之類是也。或幼弱。如西漢平帝，東漢獻帝，西晉愍帝，東晉恭帝之類是也。

二，女后擅權。如西漢高皇后呂氏，元皇后王氏，西晉惠皇后賈氏，唐高宗皇后武氏，中宗皇后韋氏，後唐莊宗皇后劉氏之類是也。

三，女寵。如夏桀之妹喜，商紂之妲己，周幽王之褒姒，南齊東昏侯之潘貴妃，陳後主之張麗華，唐玄宗之楊太眞之類是也。

四，宦官。如秦二世之趙高，漢靈帝之十常侍，蜀漢後主之黃皓，唐玄宗之楊思勗，高力士，明熹宗之魏忠賢之類是也。

五，外戚。如西漢之王莽，東漢之竇憲，梁冀之類是也。

六，權臣。如東漢之曹操，魏之司馬懿，東晉之桓溫，劉裕之類是也。

七，朋黨。如東漢末之鉤黨，唐之牛李黨之類是也。

八，藩鎭。如東周之七雄，西漢初年之七國，東漢末年之守牧，有唐中葉以後河北諸鎭節度使之類是也。

九，亂民。如秦末之陳勝，吳廣，西漢末之綠林，赤眉，銅馬，東漢末之黃巾等類是也。

十，外國。如西晉之匈奴，宋之女眞，蒙古，明之滿洲之類是也。

現在既爲共和政體。大總統由國會投票公選。當然比較上係政界優秀分子。第一種亂源消滅。總統既由民選。且係五年一任。期滿改選。憑藉總統勢力竊弄政柄當然事實上作不到。第二，第三，第四，第五種亂源亦同時消滅。民國有僭主。無權臣。項城專國時代。頗具操莽資格。及項城既倒。則第六種亂源亦消滅。所餘者僅第七，第八，第九，第十，四種亂源而已。第九種之亂民。如關東之鬍匪，內蒙之蒙匪河南之白狼，江北之鹽梟以及各省之土匪潰兵等。皆奉軍人爲主。或與軍人暗通消息。或藉軍籍爲逋逃藪。或恃統兵大員爲護身符。只能目爲藩鎭之附屬品。不能認爲獨立亂源之一也。第十種之外國。差足以壓迫我矣。然當今之世。各國競爭之動機。恒以生計爲主動。列強所以耽耽垂涎於我者。其最大之願望。乃在利用此廣漠沃衍之野。以爲其資本及製造品之尾閭。而欲求得生計上之特權。則惟在我國主權之下。取攜最便。使我國土地之全部分或一部分忽然易主。無論主之者爲何國。而皆爲第三國之大不利。故毋寧保持其現狀。以爲經濟上發展之地。如謂數國協力以亡我耶。則誰肯首先發難。如謂一國獨立以亡我耶。則何國有此實力。況歐戰以後。歐洲各大國中。俄已瓦解。奧已瓜分。德亦削弱。若英，若法，若意，雖名爲戰勝國。實則久已精疲力竭。自保不暇。焉能謀人。美國爲新世界大國。國富甲於全球。向來持持盈保泰主義。對於我國。時常好行其德。不含侵略主義。日本與我比鄰。虎視東方。有臥榻之側不容他人鼾睡之勢。然此等主張。只限於一部分侵略派之軍人。不能代表國民全體。其顧全大局之政治家，教育家，實業家對於我國之不自振作。時常含提撕警覺之意。時常懷唇亡齒寒之憂。若曰利我之速亡。未見其有此心理也。然則現在我國政亂之原因何在。曰現在致亂之原因只有二種。一爲黨派。一爲軍人。

謂中國政黨爲不足恃乎。前清民國之興亡。實政黨左右之也。謂中國政黨爲足恃乎。何以歐美各國以有政黨興。吾國以有政黨衰也。噫！吾知之矣。歐美各國政黨。皆以國家爲前提。有利於國家者。則犧牲黨見以殉之。我國政黨。以黨綱爲前提。有利於己黨者。則寧犧牲國家以殉之。此其所以異也。

謂中國軍人爲不足恃乎。則創立民國之元勳，如黎黃陂等。恢復民國之元勳，如蔡松坡等。皆軍人也。謂中國軍人爲足恃乎。則帝制罪魁之袁項城。復辟罪魁之張勳。安福俱樂部黨魁之徐樹錚等。亦軍人也。前者以國家爲前提。故功成身退。國家蒙其福。而己身亦享其名。後者以己身或己身之目的物爲前提。故國家蒙其殃。而自己亦身敗名裂也。

然則中國政黨曷爲有弊而無利。曰中國自古爲專制政體。專制政體之下。無政黨發生之餘地。其有類乎政黨者。則東漢末年之鉤黨。有唐中葉以後之牛李黨。唐末之淸流黨。北宋之元祐黨，熙豐黨。南宋之僞學黨。明末之東林黨，閹黨。皆敵黨加以黨之名。自己並不承認爲政黨也。此外雖非政黨。而有類乎黨者。尙有數種。

一曰門戶之見。　黨同伐異。是丹非黃。抱一學說爲正鵠。而排斥以外之學說。此種見解。創始於春秋戰國之際。盛行於兩漢兩宋之時。歷明及淸至今猶盛。所謂某某學派者是也。

二曰門第之見。　階級制度春秋時盛行。至戰國末年而全廢。三國六朝時代復盛。有所謂「上品無寒門，下品無士族」者。沿至初唐猶未革除。現在則絕無此種思想也。

三曰方輿之見。　南人詈北。楚人斥齊。以個人鄉土爲本位。而排斥鄉土以外之人物，或政見及學說。此種見解。創始於春秋戰國時代。盛行於兩晉南北朝時代。歷宋元明淸。於今爲烈。所謂省界及南北界限。皆此種謬想之表示也。

藩鎭二字。亦爲中國不祥之物。溯其起源。實始於上古之時。黃帝以前部落時代。酋長之多不知紀極。是爲最古藩鎭之始。周初。由部落而變爲封建。藩鎭之數減少。春秋戰國時代。由一百六十三國而變爲七雄。藩鎭之數益減少。秦倂六國。廢封建。置郡縣。藩鎭絕跡。漢初。復大封諸侯。於是有前七國後七國之亂。後七國之亂平。藩鎭復絕跡。至東漢末年。州牧郡守。據地自擅。於是變形之藩鎭復出現。晉初。復大行封建。於是有八王之亂。南北朝時代。多以皇子諸王爲都督刺史。於是叛亂者史不絕書。有唐中葉以後。山東河北諸節度使皆據地自擅。諸鎭效尤。延至唐末。舉中國全國皆藩鎭。無復中央政府發展之餘地。後五代之君主。皆起家諸侯。致位皇帝。藩鎭之禍。於斯爲烈矣。有宋以後。地方政府之權大衰。至明初淸初。藩鎭之禍復出現。然閱時未久。旋即終止。不至如現在之劇烈也。

著者不敏。竊願以課餘之暇。從事研究。追溯我國歷史上之亂源。臚列過去之事蹟。與現在及未來相對照。作成『中國歷代黨爭史』『中國歷代藩鎭史』各一編。以供研究時局者之參考。其中錯誤及遺漏之點。想當不少。著者因未嘗滿意。大雅君子。有以匡我之不逮。幸甚。

本編先敘黨爭事蹟。下編再敘藩鎮事蹟。

民國十年即西歷紀元一九二一年四月二十五日王桐齡自序於日本東京帝國大學圖書館

中國歷代黨會表

種類	派別	首領	性質	時代	人物	宗旨	根據地
朋黨	鉤黨	竇武陳蕃李膺杜密	政治	漢末	政界學界	澄清政界誅除宦官	朝廷
	牛黨	李逢吉李宗閔牛僧孺	同	唐文宗武宗時	政界	把持政權反對異己	同
	李黨	李德裕	同	同	同	建立功名反對異己	同
	舊黨	司馬光呂公著呂大防范純仁等	同	宋哲宗徽宗時	同	維持舊政反對新政	同
	新黨	蔡確章惇蔡京等	同	同	同	改革舊政反對異己	同
	主戰黨	李綱趙鼎張浚等	同	宋高宗時	政學界	主戰	同
	主和黨	黃潛善汪伯彥秦檜等	同	同	政界	主和	同

	東林黨	顧憲成鄒元標趙南星等	講學及政治	明熹宗時	政學界	反對宦官高自標榜	朝野
	復社黨	張溥陳貞慧等	講學及政治	明福王時	學界	高自標榜反對閹黨	野
	閹黨	顧秉謙魏廣微崔呈秀許顯純等	政治	明熹宗時	政界	把持政權反對異己	朝廷
	維新黨	康有為梁啓超等	同	清德宗時	政學界	改良政治	朝野
	守舊黨	榮祿剛毅徐桐等	同	同	政界	保守飯碗	朝廷
會黨	太平道即黃巾賊	張角張寶張梁	宗教及政治	漢靈帝時	下流社會	謀反	鉅鹿
	五斗米道即五米賊	張修張魯	同	漢獻帝時	同	謀割據	巴郡漢中
	白蓮會即紅巾賊	韓山童劉福通	同	元順帝時	同	謀反	潁州
	白蓮教即白蓮賊	王森王好賢徐鴻儒于宏志	同	明熹宗時	同	同	鉅野武邑
	白蓮教即白匪	劉松劉之協等	同	清仁宗時	同	同	湖北川東
	天理教即八卦教	林清李文成	同	同	同	同	黃村滑縣
	上帝會即長髮賊	洪秀全楊秀清	同	清文宗時	同	同	南京
秘密結社	三合天地三點會	少林寺僧	政治	清	同	反清復明	福建

	哥老會	未詳		同	同	同	廣東
	興中會	孫中山		清末	各界俱有	排滿革命	海外

本論

第一章　先秦學派之競爭

第一節　南北思想之衝突

凡人羣第一期之進化。必依河流而起。中國有黃河揚子江兩大河流。其位置性質各殊。故各自有其本來之文明。爲獨立發達之觀。雖屢相調和混合。而其差別自不可掩。凡百皆然。而學術思想其一端也。北地苦寒磽瘠。謀生不易。其民族銷磨精神日力以奔走衣食。維持社會。猶恐不給。無餘裕以馳騖於玄妙之哲理。故其學術思想。常務實際。切人事。貴力行。重經驗。而修身，齊家，治國，平天下之學說最發達。重家族。以族長爲政治之本。敬老年。尊先祖。因而崇古之念重。保守之情深。排外之力強。則古昔稱先王。內其國。外夷狄。重禮文。繫親愛。守法律。畏天命。此北學之精神也。南方氣候和暖。物產豐饒。謀生容易。其民族不必惟一身一家之飽暖是憂。故常達觀於世界以外。始而輕世。既而玩世。終而厭世。不屑屑於實際。故不重禮法。不拘拘於經驗。故不崇先王。又其發達較遲。中原之人常鄙夷之。謂爲蠻野。故其對於北方學派。有吐棄之意。有破壞之心。探玄理。出世界。齊物我。平階級。輕私愛。厭繁文。明自然。順本性。此南學之精神也。今將兩派之學術思想對照比較。列表於左。以供參考。

甲，北派

崇實際

主力行　主動

貴人事

明政法

重階級　中庸曰親親之殺尊賢之等禮所生也

重經驗

喜保守　孔子曰非先王法服不敢服非先王法行不敢行

主勉強　書曰節性惟日其邁孔子曰克己復禮爲仁節者克者勉强之義也

畏天　孔子曰畏天命

排外

乙，南派

崇虛想

主無爲　主靜

貴出世

明哲理

重平等　如莊子齊物論許行並耕說等皆是

重創造

喜破壞　老子曰絕聖棄智民利百倍絕仁棄義民復孝慈

明自然　自然者順性之喻也莊子山木之喻混沌竅之喻皆其義也

任天　老子曰天地不仁以萬物爲芻狗

無我

貴自强　　貴謙弱

中庸曰。「寬柔以敎。不報無道。南方之强也。」（中略）「衽金革。死而不厭。北方之强也。」孟子曰，「陳良楚產也。悅周公仲尼之道。北學於中國。北方之學者。未能或之先也。」是言南北之異點彰明較著者也。北派之魁。厥惟孔子。南派之魁。厥惟老子。孔學之見排於南，猶老學之見排於北也。孔子在魯衛齊之間。所至皆受崇拜。乃至宋則桓魋謀殺之。至陳蔡則國人發兵圍之。宋陳蔡皆鄰於南也。至楚則接輿歌以諷之。丈人揶揄之。長沮桀溺目笑之。無所往而不阻焉。皆由學派之性質不同故也。北方多憂世勤勞之士。孔席不暇暖。墨突不得黔。棲棲者終其身焉。南方則多棄世高蹈之徒。接輿，沮溺，丈人。皆汲老莊之流者也。此民族之異性使然也。

孔老爭雄南北。而起於其間者有墨子焉。墨亦北派也。顧北而稍近於南。墨子生於宋，宋南北要衝也。故其學於南北各有所採。而自成一家言。其務實際。貴力行。實原本於北派之眞精神。而其刻苦也過之。但多言天鬼。頗及他界。始創名學。漸闡哲理。力主兼愛。首倡平等。蓋亦被南學之影響焉。

楊朱，老學之嫡傳也。楊氏之爲我主義。縱樂主義。實皆起於厭世觀。列子楊朱篇引其學說曰。「世事苦樂。古猶今也。變易治亂。古猶今也。既聞之矣。既更之矣。百年猶厭其多。而况久生之苦也乎。」又曰。「生則堯舜。死則腐骨。生則桀紂。死則腐骨。腐骨一矣。孰知其異。」蓋其厭世之極。任自然之極。乃覺除爲我主義縱樂主義以外。更無所事事。故北學之有墨。南學之有楊。皆走於兩極端。而處於正反對之地位者也。

以上所舉。爲後世門戶之見。方輿之見。所由來。流傳至今。猶爲政界學界最重要之紛爭擾攘一原素。所謂東西洋學派之傾軋。南北省界之區別者。即此種思想之變相也。

第二節　東西思想之結合法學家與儒學家之衝突

孔老爭雄於南北時代。法學家亦勃興於齊。齊海國也。故於其間產出兩種觀念焉。一曰國家觀。二曰世界觀。國家觀衍爲法家。世界觀衍爲陰陽家。法家之鼻祖爲管仲。相齊桓公。藉官山府海之利。取威定霸於中原。銳意整頓內治。使成一「法治國」之模形。管子一書。實國家思想最深切著明者也。戰國時代。衞鞅祖述其說。以相秦。秦漢族先宅之地。而三皇所迭居。控山谷之險。而民族強悍。故國家主義亦最易發達。諸侯游士。輻輳走集。秦一一揖而入之。故其時西方之學術思想發達。有凌駕東西南北之勢。鞅死後，韓非復祖述其說。以山東功利主義與荆楚道術主義合爲一流。李斯復以儒術緣附之。於是東西思想結合爲一。是爲戰國末年形勢。

已而秦併天下以斯爲左丞相。始皇帝三十四年。博士淳于越請封子弟功臣爲藩輔。詔下其議。斯上書言，「五帝不相復三代不相襲。今陛下創大業建萬世之功固非愚儒所知。且越言乃三代之事。何足法也。今諸生不師今而學古。以非當世惑亂黔首。人聞令下則各以其學議之。入則心非。出則巷議。如此弗禁則主勢降乎上黨與成乎下臣請史官非秦記皆燒之。非博士官所職。天下有藏詩書百家語者。皆詣守尉雜燒之。有敢偶語詩書者棄市。以古非今者族。吏見知不舉與同罪。令下三十日不燒。黥爲城旦。」制曰，「可。」次年侯生，盧生相與譏議始皇因亡去。始皇大怒使御史悉案問諸生。諸生轉相告引。自除犯禁者，四百六十餘人皆坑之咸陽。是爲焚書坑儒之案。

第三節　儒學之統一及其派別

泰西之政治常隨學術思想爲轉移。中國之學術思想常隨政治爲轉移。是故政界各國並立。則學界亦各派並立。政界共主一統。則學界亦宗師一統。當戰國之末。雖有標新領異如火如荼之學派。不數十年。摧滅以盡。巍然獨存者。惟一儒學。而學術思想進步之跡。亦自茲凝滯矣。茲述其事蹟如左。

一，儒學之推行　先是孔子既沒。七十子之徒。散游諸侯。子夏居西河。魏文侯從之受經。繼以段干木田子方。皆居賓師之位。於是儒教始大於西河。文侯初置博士官。是爲以國力推行儒學之始。秦始皇帝得天下。焚書坑儒。民間之書。百家之語。皆盡而令民間有欲學者。以吏爲師。所謂吏者，即博士也。秦承魏制置博士官。漢儒叔孫通，張蒼，伏生，史稱其皆故秦博士。然則始皇在位時代。固未嘗不以國力推行儒學也。漢高帝初起兵。最惡儒生。酈食其，叔孫通，陸賈等。深自貶抑。包羞忍垢以從之。及天下既定。諸將爭奪喧嘩。引爲深患。叔孫通乃緣附古義。爲草朝儀。導之使知皇帝之貴。陸賈獻新語。益知馬上之不可以治天下。於是過魯以太牢祀孔子。喟然興學。自是以後。儒學復見重於世。

二，儒學家與墨學家老學家法學家勢力之消長　是時墨學家中。游俠一派獨盛。朱家，郭解之流。爲一時士大夫所崇拜。太史公曰。『儒以文亂法。而俠以武犯禁。』儒謂孔也。俠謂墨也。蓋孔墨兩派。在當時社會勢力殆相等焉。而道家者流在政界中亦有相當勢力。高帝時代。曹參爲齊悼惠王相。召諸儒百數。問安集百姓之道。言人人殊。莫知所從。聞膠西有蓋公者。善黃老言。請見之。蓋公爲言『治道貴清靜則民自定』。參乃避正堂以舍之。用其言。齊國安集，稱賢相焉。景帝之時。太后竇氏好黃老家言。帝及諸竇不得不讀老子。尊其術。老徒黃生，與儒徒轅固生嘗辯難於帝前。太后怒。使轅固生入圈刺豕。欲殺之。蓋道家有君相在上提倡保護。儒教不能與之爭也。景帝時。法學家鼂錯爲御史大夫。權傾九卿。法令多所更定。武帝即位。任用桑弘羊等。欲行李悝商鞅之術。以治天下。故儒法並立於朝廷。而時相水火。蓋當西漢初年。墨學家，老學家，法學家。在政治上及社會上各具有相當勢力。儒學尚未能統一思想界也。

三，儒教之確定　武帝之初即位也。詔舉賢良方正直言極諫之士。廣川董仲舒對策。請表章六藝。罷黜百家。凡非在六藝之科者。絕勿進。詔從之。以仲舒爲江都相。尋以竇嬰爲丞相。田蚡爲太尉。趙綰爲御史大夫。王臧爲郎中令。皆推崇儒術。將迎老儒申公於魯。設明堂。制禮作樂。文致太平。太皇太后竇氏不悅。求得綰臧過。以讓帝。下綰臧吏。罷嬰蚡官。於是儒教又受挫折越四年。（建元六年）太后崩田蚡復爲丞相。從董仲舒言。初令郡國舉孝廉各一人。自此以後興學校置博士設明經射策之科。公孫弘以緣飾經術起家布衣。封侯拜相。儒學之尊嚴逈絕百流二千年來國教之局。於以大定矣。

四，儒學者之派別　競爭之例。與天演相終始。外競既絕。內競斯起。於政治有然。於學術亦有然。韓非子顯學篇云。「自孔子之死也。有子張之儒。有子思之儒。有顏氏之儒。有孟氏之儒。有漆雕氏之儒。有仲梁氏之儒。有孫氏之儒。有樂正氏之儒。（中略）故孔墨之後。儒分爲八。墨離爲三」。顧漢代儒學雖盛。而所謂八儒者。則渺不可覩。綜其大別。可分兩種。

一，說經之儒　在昔書籍流布不易。故欲學者皆憑口說。非師師相傳。其學無由。故家法最重焉。其中大畧可分爲四種。

甲，口說家　專務抱殘守缺。傳與其人。家法謹嚴。發明頗少。如田何，丁寬，（易）伏生，歐陽生，（今文尚書）申公，（魯詩穀梁傳）轅固生，（齊詩）胡毋生，（公羊傳）江翁，（穀梁傳）高堂生（儀禮）等其人也。

乙，經世家　衍經術以言政治。所謂以禹貢行水。以洪範察變。以春秋折獄。以三百五篇當諫書。如賈誼，董仲舒，龔勝，蕭望之，匡衡，劉向等其人也。

丙，災異家　孔子小康之義。勢不得不以一國之權。託之君主。而又恐君主之權無限。而暴君益乘以爲虐也。於是乎思所以制之。乃於春秋特著以元統天，以天統君之義。而羣經亦往往三致意焉。江都最知此義。故其對天人策亦三致意焉。漢初大儒之言災異。大率宗此恉也。及於末流。寖乖本義。牽合附會。自惑惑人。如書則有洪範五行。禮則有明堂陰陽。易則有京房之象數災異。詩則有翼奉之五際六情。至於春秋。又益甚焉。馴至讖緯之學。支離妄誕。不可窮詰。駸駸競起。以奪孔席。則兩漢學者之罪也。

丁，訓詁家　漢初大儒之傳經也。循其大體。玩經文。不爲章句訓詁。舉大義而已。故讀一經通一經之義。明一義得一義之用。自王莽專政。提倡校勘詁釋之學。逮東都之末。則賈逵馬融之徒。益覃心於箋注。以破碎繁難相誇尚。於是學風一變。

論兩漢經學學派。最當注意者。今古文之爭是也。今文傳自西漢之初。所謂十四博士，列於學官者是也。古文興於西漢之末。新莽篡國。劉歆校書時所晚出者也。今文雖不足以盡孔學。然猶不失爲孔學一支流。古文則經莽歆之改竄附會。其與孔子之意相背馳者多矣。

二，著書之儒　今所傳漢代著述。除經注詞賦外。其稍成一家言者。有若陸賈之新語，賈誼之新書，董仲舒之春秋繁露，司馬遷之史記，淮南王安之淮南子，桓寬之鹽鐵論，劉向之說苑新序，揚雄之法言太玄，王充之論衡，王符之潛夫論，仲長統之昌言，許愼之說文解字等。四百年中寥寥數子而已。除淮南子外，皆儒家言也。春秋繁露，雖以說經爲主。然其究天人相與之故，衍微言大義之傳，實可爲西漢學統之代表。史記千古之絕作也。其寄意深遠。其托義皆有所獨見。其於孔子之學。獨得力於春秋。又生於龍門。而足跡徧海內。於東西南北學派之精華。皆能咀嚼而融化之。又世在史官。承古代種種舊思想。悉消納於一百三十篇之中。雖謂太史公爲上古學術思想之集大成可也。此外若說文不過字書。鹽鐵論專紀一議案。新說眞贋未定。新書割綴所成。俱未足以概作者之學識。劉中壘粹然醇儒。然爲當時陰陽五行說所困。不能自拔。說苑陳義至淺。殆無足云。揚子雲曲學阿世。著太玄以擬易。著法言以擬論語。是足以代表當時學者乏創作力。而惟存摹擬性。王仲任頗思爲窮理察變之學。然學識不足以副之。摭其小而遺其大。潛夫論及昌言。雖文辭斐然。然止於政論。指摘當時末流之弊而已。若是乎兩漢著述者雖多。其能爲學界放一光明者。惟江都龍門二子而已。

第二章　漢末鉤黨之獄

第一節　鉤黨之獄成立之原因

一，外戚宦官之亂政　自來封建之世。專制之世。共和之世。權在貴族。權在君主。權在國民。封建時代。君相位置皆定於有生以前。大臣與國家共休戚。當主少國疑之際。舉國家大政委之相臣。而强臣不至生覬覦之心。小民無或有動搖之慮。專制之世。起家平民可爲宰相。宰相位置非貴族專有品。輔政大臣與皇室無血統關係。當主少國疑之際。不能不聽命於母后。中國男女界限綦嚴。母后臨朝。不能直接與廷臣接觸。凡百庶政。不能不假手己之親戚及左右侍奉之人。於是外戚宦官勢力遂潛滋暗長。中國從來爲貴族政體。自唐虞至三代。有大臣攝政。無母后臨朝。若堯末年之舜。舜末年之禹。太甲初年之伊尹。成王初年之周公。皆以宰相代總萬機。廷臣習見。不以爲怪。秦漢以後。專制政體進化。貴族權力漸微。母后臨朝之風。始成爲歷代習慣法。外戚宦官勢力遂潛滋暗長。其勢足以左右全國政令。其禍遂與專制政體相終始。蓋履霜堅冰。其所由來者漸矣。　西漢外戚之禍。始於呂后。成於成帝。及其末年。王莽遂篡奪漢室。光武即位以後。鑒於前車之覆。極力抑壓外戚。明帝繼之。及章帝時。方針始變。於是外戚馬氏逐漸用事。和帝之時。外戚竇憲專政。將謀大逆。帝與宦官鄭衆密謀誅之。於是宦官用事。自此以後。諸帝多不永年。諸侯入繼大統者五君。太后臨朝稱制者六后。外戚宦官更迭用事。利立幼君以固其權。因之海內志士。抗憤於外。朝政日非。清議日峻。由是邪正之衝突起。釀成鉤黨之獄。在朝在野人望。一網打盡。是爲鉤黨之獄第一原因。外戚宦官均與有罪焉者也。

二，外戚與清流之結合及其對宦官之衝突　自來稷鼠不攻。城狐不灼。愈接近宮闈者。其勢力愈不可侮。以清流與外戚較。則外戚與官闈接近。以外戚與宦官較。則宦官與宮闈尤接近。是故外戚與清流衝突。常居優勝地位。與宦官衝突。反居劣敗地位。東漢初年。政在君主。中葉以後。政權移於外戚。末年復移於宦官。其勝敗所由來。非有特別原因。勢使然也。東漢自章帝崩後。和帝，殤帝，安帝，北鄉侯，順帝，沖帝，質帝，桓帝，皆以沖齡踐阼。章德竇后，和熹鄧后，安思閻后，順烈梁后，相繼臨朝。竇憲，鄧騭，耿寶，閻顯，梁商，梁冀，皆以大將軍或車騎將軍，輔政。權力陵轢宰相。勢不能不起衝突。鄧騭賢者。猶與司空周章，袁敞等不協。此外若竇憲之對於太尉鄭弘。耿寶之對於太尉楊震。梁冀之對於太尉李固，杜喬。其冰炭不相容者。固勢所不得不爾也。鄭弘，楊震，李固，杜喬之徒。皆起家書生。出爲賢相。淸風亮節。爲一世所欽仰。而皆不得令終。外戚勢力之偉大可想。然而千人所指。無病自死。勢力愈偉大者。其得罪於人民者愈甚。其欲得而甘心者亦愈多。天乃假手於猝不及防之他人。以削其氣焰。竇憲之死。假手於鄭衆。鄧騭之死。假手於李閏江京。閻顯之死。假手於孫程。梁冀之死。假手於單超，徐璜，具瑗，唐衡，左悺。以炙手可熱氣焰薰天之外戚。舉朝大臣所無可如何者。一宦豎誅之而有餘。則宦官潛勢力之偉大更可知矣。 顧君子得志常自謙。小人得志常自滿。自謙者，能下人。自滿者，恆凌人。能下人者，多愷悌慈祥。恆凌人者多暴虐恣橫。是故小人不可以有權力。有權力，必濫用之。小人不可以立大功。立大功則國家將來無以報酬之也。東漢中葉以後之君主。既假宦官之手以誅外戚。勢不能不假以權力。鄭衆，孫程，單超之徒。皆致位公卿。與聞國政。政柄漸入於宦官之手。其暴虐恣橫。反甚於外戚。士君子不忍見朝政之日非。國是之日壞。乃與外戚之賢者結合。併力以排宦官。竇武，何進。兩次失敗。宦官乃假鉤黨爲名。大殺異己者。是爲鉤黨之獄第二原因。宦官之罪浮於外戚者也。

三，李杜諸賢之操切 自來儒者出處之道。合則留。不合則去。孔子曰。『危邦不入。亂邦不居。天下有道則見無道則隱。』又曰。『不在其位。不謀其政。』又曰。『邦有道，危言危行。邦無道，危行言孫。』孟子曰。『可以仕則仕。可以止則止。可以久則久。可以速則速。』蓋叔季之世。大局已無可爲。留此有用之身。猶可爲全國社會維持道德命脈於一綫。爲己身計。爲國家計。爲社會計。勢固不得不爾也。東漢李杜諸賢。昧於斯義。熱心國事。盲進不已。及其廢黜。猶不自韜晦。以爲全身遠害計。反廣通聲氣。批評朝政。有結黨之嫌。有誹謗之迹。終以莫須有之獄。爲宦官所殲戮。雖桓靈昏庸，宦官狡狠，有以致之乎。抑亦諸賢所自取也。諸賢逝後。漢室凋零。宦官弄權。朝政紊亂。國事破壞。不堪聞問。黃巾賊起。草寇弄兵。董卓入朝。大盜竊國。州牧郡守。各據地自王。攻城畧地。戰爭相循。小民疲於兵革。曹操乘隙。勃起山東。剪鋤群雄。統一黃河流域。中國內地。一時小康。然而政柄下移。奸雄竊國。大好河山。已非復劉氏所有矣。郭泰有言。『詩云人之云亡。邦國殄瘁。漢室滅矣。但未知瞻烏爰止。于誰之屋耳』蓋善人爲國家元氣。元氣傷，則國削。元氣盡則國亡。漢室末運。實黨人之獄。有以促成之。諸賢犧牲一身。爲孤注一擲之舉。爲個人名譽計則得矣。爲國家及社會前途計則未也。中庸有言。『君子依乎中庸。遯世不見知而不悔。唯聖者能之。』蓋儒者之道。寬以待人。靜以持己。操切手段與暴烈舉動。不能成事。反足以害事。君子所不取。春秋之義。責備賢者。論史者安敢爲李杜諸賢諱也。是爲鉤黨之獄第三原因。李杜諸賢與有過焉者也。

第二節 東漢宦官之恣横

初，大將軍竇憲之伏誅也。鄭衆以功拜大長秋。和帝策勳班賞。衆每辭多受少。帝由是賢之。常與之議論政事。後封鄛鄉侯。是爲宦官封侯與政之始。和帝崩後。殤帝，安帝相繼以沖齡踐祚。太后鄧氏臨朝，衆與宦官蔡倫皆用事。司空周章數進直言。太后不能用。其後安帝親政。宦官江京李閏有寵，皆封侯。與中常侍樊豐黃門令劉安鈎盾令陳達，同用事。太尉楊震，關西名儒。鯁直有大節。數上書諫諍。上不能用。豐等懼。合謀譖震於帝。免其官。震自殺。復讒太子保。廢爲濟陰王。安帝在位十九年。凡親政五載而崩，皇后閻氏，與其兄顯迎立章帝之孫，濟北惠王壽之子，北鄉侯懿爲帝。是年十月。懿薨。顯白太后。祕不發喪。更徵諸王子。閉宮門。屯兵自守。中黃門孫程，與其黨王康王國等。謀立濟陰王保。是年十一月。夜入省門。執江京，劉安陳達等。斬之。迎保入即位。是爲順帝。收顯黨。皆殺之。封程等十九人爲列侯。聽以養子襲爵。是爲中官爵位世襲之始。 梁冀之伏誅也。中常侍單超，徐璜，黃門令具璦，小黃門史唐衡，左悺，皆以功封列侯。世稱爲五侯。以超爲車騎將軍，輔政。五侯皆貪縱，傾動內外。白馬縣名屬東郡故城在今河南河北道滑縣治南令李雲上書力諫桓帝。怒逮雲下獄。弘農掾杜衆傷雲以忠諫獲罪。上書願與雲同死。帝愈怒。并逮下獄。皆殺之。大鴻臚陳蕃，太常楊秉，皆以疏救雲得罪免官。　延熹三年。超卒。賜東園祕器棺中玉具及葬。發五營騎士將作大匠起塚塋。其後四侯轉橫。天下爲之語曰。「左回天。具獨坐。徐臥虎。唐兩墮。」皆競起第宅。以華侈相尙。兄弟姻戚宰州臨郡。辜較百姓。與盜無異。虐遍天下。民不堪命。故多爲盜賊焉。　中常侍侯覽，小黃門段珪，皆有田業。近濟北界。僕從賓客劫掠行旅。濟北相滕延，一切收捕。殺數十人。陳尸路衢。覽珪以事訴帝。延坐徵詣廷尉免官。　左悺兄勝爲河東太守。皮氏長京兆趙岐恥之。卽日棄官西歸。唐衡兄玹爲京兆尹。收岐家屬宗親。陷以重法。盡殺之。岐逃難四方。匿姓名。賣餅北海市中。安丘今山東膠東道安邱縣孫嵩見而異之。載與俱歸。藏於複壁中。及諸唐死。遇赦。乃敢出。　中郞將皇甫規征西羌。有功當封。徐璜，左悺從規求貨。不答。璜等誣以罪。下吏。論輸左校。　延熹八年。太尉楊秉，司空周景上言。「內外吏職。多非其人。舊典。中臣子弟不得居位。請皆斥罷。」上從之。於是秉條奏牧守以下五十餘人。或死或免。天下肅然。　侯覽兄參爲益州刺史。殘暴貪婪。累贓億計。秉奏檻車徵參。參於道自殺。閱其輜重三百餘輛。皆金銀繒帛。秉因劾奏覽。帝不得已免覽官。司隸校尉韓縯因奏左悺及其兄太僕稱罪惡。悺自殺。又奏具瑗兄沛相恭贓罪。徵詣廷尉。貶瑗爲都鄉侯。單超，徐璜，唐衡，襲封者並降爲鄉侯。子弟分封者悉奪爵土。宦官之勢稍絀。

宛陵羊元群罷北海郡。贓汚狼藉。郡舍溷軒有奇巧。亦載之以歸。河南尹李膺表按其罪。元群行賂宦官。膺竟反坐。單超弟遷爲山陽太守。以罪繫獄。廷尉馮緄考致其死。中官飛章誣緄以罪。中常侍蘇康，管霸固天下良田美業。州郡不敢詰。大司農劉祐移書所在。依科品沒入之。帝大怒。與膺緄俱輸作左校。是年太尉楊秉薨。以陳蕃代之。蕃數言李膺馮緄劉祐之枉。請加原宥。上不聽。司隸校尉應奉復上書申理。上乃悉免其刑。久之復拜膺司隸校尉。時小黃門張讓弟朔爲野王令。貪殘無道。畏膺威嚴。逃還京。匿於兄家合柱中。膺知其狀。率吏卒破柱取朔。付洛陽獄。受辭畢。卽殺之。讓訴寃於帝。帝召膺詰以不先請便加誅之意。對曰「昔仲尼爲魯司寇。七日而誅少正卯。今臣到官已積一旬。私懼以稽留爲愆。不意獲速疾之罪。自知釁責。死不旋踵。乞留五日。尅殄元惡。退就鼎鑊。始生之願也。」帝顧謂讓曰。「此汝弟之罪。司隸何愆。」乃遣出。自此諸黃門常侍。皆鞠躬屏氣。休沐不敢出宮省。帝怪問其故。並扣頭泣曰。「畏李校尉。」時朝廷日亂。綱紀頹廢。而膺獨持風裁。以聲名自高。士有被其容接者。名爲登龍門。於是宦官深嫉膺。有不兩立之勢矣。

第三節　東漢中葉以後之士風

是時儒學統一中國已久。專經之士甚多。自光武時。創立太學。明章繼之。學校之盛。邁乎三代。安帝薄於藝文。博士不復講習。朋徒怠散。學舍頹敝。順帝永建六年。將作大匠翟酺上疏。請更修繕。從之。復起太學。凡造二百四十房。一千八百五十室。收容博士子弟三萬人。其中西域諸國留學生不少。同時私塾異常發達。河南，汝南，南陽等郡最盛。學生人數最多者。往往在萬人以上。所用之教科書。概爲五經論語。大學之中。設專門博士。研究經學。研究之人愈多。訓詁學愈發達。學說亦愈複雜。門戶之爭漸起。排斥異說。固守師傳。顧其所研究者。純爲文字上之解釋。對於儒教哲理。尙未暇顧及也。

同時孝廉選舉之制盛行。每二十萬人以上之區。每年選出孝廉一名。不足二十萬人之區。每二年選出一名。是時人口最多之郡爲南陽。每年選出十二名。次爲汝南。每年選出十名。故東漢人才。以汝南南陽二郡爲最盛。 其選舉方法。注重實行。每年由本地地方官擇尤保薦。以備政府任用。不由孝廉出身者。不得厠身政界。故士子爭砥礪實行。以求當選。注重實行太過。往往不問學問何若。已當選之孝廉。學問空虛者有之。政治上之經驗全無者有之。時或不能致用。順帝之世。用尙書令左雄議。令郡國舉孝廉。限年四十歲以上。諸生通章句。文吏能牋奏。乃得應選。其有茂才異行。得以不拘年齒。是爲孝廉限年課試法之始。於是諸郡守皆坐謬舉免黜。唯汝南陳蕃。潁川李膺。下邳陳球等三十餘人。得拜郎中。自是牧守畏慄。莫敢輕舉。察選清平。多得其人。後復用尙書令黃瓊議。增孝悌及能從政者爲四科。得人愈盛。

儒學本有名教之目。故砥礪廉隅。崇尙名節。以是爲一切公德私德之本。孝武表章經義。師儒雖盛。而斯義未昌。故新莽居攝。頌德獻符者徧天下。光武有鑒於此。故尊崇節義。敦厲名實。以經明行修四字爲進退士類之標準。東漢二百年間。儒教之道德。漸漬社會。寖成風俗。至其末造。朝政昏濁。國事日非。而黨錮之流。獨行之輩。依仁蹈義。舍命不渝。風雨如晦。雞鳴不已。讓爵讓產。史不絕書。或千里以急朋友之難。或連軫以犯時主之威。論者謂三代以下。風俗之美。莫尚於東京。非過言也。 歷代賢相，若太尉鄭弘，司徒袁安等。直臣，若尚書僕射郅壽，樂恢等。循吏，若九江太守宋均，蜀郡太守廉范等。孝義，若廬江毛義，東平鄭均等。高士，若汝南黃憲，豫章徐穉等。清風亮節。俱足千古。皆儒教養成之人物也。 梁冀之專政也。朝廷遣杜喬，周舉，周栩，馮羨，欒巴，張綱，郭遵，劉班等八使分行州郡。表賢良。顯忠勤。其貪污有罪者。刺史二千石驛馬上之。墨綬以下便輒收舉。喬等受命之部。張綱獨埋其車輪於洛陽都亭曰。「豺狼當道。安問狐狸。」遂劾奏梁冀及其弟河南尹不疑無君之心十五事。京師震悚。順帝雖知綱言直不能用也。冀恨綱。思有以中傷之。時廣陵賊張嬰寇亂揚徐間。積十餘年。乃以綱爲廣陵太守。綱單車逕詣嬰壘門。嬰大驚。走閉壘，綱於門外罷遣吏兵。留十餘人。以書喻嬰。請與相見。嬰乃出拜謁。綱喻以禍福。嬰還營。將所部萬餘人與妻子面縛歸降。綱單車入壘。散遣部衆。任從所之。親爲卜居宅。相田疇。子弟欲爲吏者皆引召之。人情悅服。南州晏然。論功當封。梁冀遏之。在郡一歲卒。嬰等五百餘人爲之制服行喪。送到犍爲。負土成墳。 桓帝元嘉元年正月。群臣朝賀。梁冀帶劍入省。尚書張陵叱出。敕羽林虎賁奪劍。冀跪謝。陵不應。即劾奏冀。請廷尉論罪。有詔以一歲俸贖。百僚肅然。 永興元年。冀州河溢民飢流亡數十萬戶。詔以朱穆爲刺史。令長聞穆濟河。解印綬去者四十餘人。及到官奏劾諸郡貪汚官吏。有至自殺或死獄中者。宦者趙忠喪父歸葬。僭爲玉匣。穆下郡案驗。吏發墓剖棺出之。帝聞大怒。徵穆下廷尉獄。輸作左校。 帝問侍中爰延「朕何如主」。對曰「中主。」帝曰。「何以言之。」對曰「尚書令陳蕃任事則治。中常侍黃門與政則亂。是以知陛下可與爲善。可與爲非。」帝曰「敬聞闕矣」。拜延五官中郎將。延數諫諍。帝不能用。遂稱疾免歸。宋均爲九江守。五日一聽事。悉省掾史。閉督郵府內。屬縣無事。百姓安業。明帝知其賢。徵拜尚書令。 成都民物豐盛。邑宇逼側。舊制禁民夜作。以防火災。而更相隱蔽。燒者日衆。廉范爲蜀郡太守。毀削先令。但嚴使儲水而已。百姓以爲便。 周紆爲洛陽令。下車先問大姓主名。吏數閭里豪強以對。紆厲聲曰「本問貴戚若馬竇等輩。豈能知賣菜傭乎。」於是部吏爭以激切爲事。貴戚跼蹐。京師肅清。 朱暉守臨淮。有善政。坐法免官。章帝知其賢。徵拜尚書僕射。 廷尉陳寵性仁矜。數議疑獄。每引經典。務從寬恕。 王渙爲洛陽令。居身平正。能以明察發擿姦伏。外猛內慈。人皆悅服。 任峻爲洛陽令。選用文武。各盡其用。發姦不旋踵。民間不畏吏。其威禁猛於王渙。而文理政教不如也。 蘇章爲冀州刺史。有故人爲清河太守。章行部欲案其姦。乃爲設酒甚歡。太守喜曰「人皆有一天。我獨有二天」。章曰「今夕與故人飲者私恩也。明日冀州刺史案事者公法也」遂舉正其罪。州境肅然。後以摧折權豪。坐免。膠東相吳祐政崇仁儉。民不忍欺。嗇夫孫性私賦民錢。市衣以進其父。父怒曰「有君如此。何忍欺之」促歸伏罪。性慚懼自首。祐曰「掾以親故受汚穢之名。所謂觀過知仁矣。」使歸謝其父。荀淑少博學有高行。李固李膺等皆師宗之。嘗舉賢良對策。譏刺貴幸。梁冀忌之。出爲朗陵相。涖事明治。稱爲神君。桓帝時。羣盜公孫舉等聚衆至三萬人。寇青兗徐州。州兵討之。連年不克。尚書選能治劇者。永壽二年。以韓韶爲嬴長。羣盜相戒不入其境。流民萬餘戶入縣界。韶開倉賑之。主者爭不可。韶曰「長活溝壑之人。而以此伏罪。含笑入地矣」韶與同郡荀淑，鍾皓，陳寔皆嘗爲縣長。以德政稱。時人謂之潁川四長。劉矩爲雍丘令。以禮化民。民皆感悟自革。有訟者，常引之於前。提耳訓告。以爲忿恚可忍。縣官不可入。使歸更思。訟者感之。輒各罷去。劉寵爲會稽太守。除煩苛。禁非法。郡中大治。桓帝徵拜司空。有五六老叟，自若邪山谷間出。人賫百錢送寵。寵爲人選一文錢受之。劉寬歷典三郡。溫仁多恕。雖在倉卒。未嘗疾言遽色。吏民有過。但用蒲鞭罰之。示辱而已。終不加苦。有功善推之於下。有災異則引躬自責。每見父老。慰以農里之言。見少年勉以孝弟之訓。人皆悅而化之。 丁鴻之父陵陽侯綝卒。鴻當襲封。上書稱病讓國於弟盛。不報。乃逃去。友人九江鮑駿遇鴻於東海。讓之。鴻感悟。乃還就國。明帝以鴻有經學。徵拜侍中。 毛義，鄭均俱以行義稱於鄉里。南陽張奉慕義名。往候之。坐定而府檄適至。以義守安陽令。義捧檄而入。喜動顏色。奉心賤之。辭去。後義母死。徵辟皆不至。奉乃嘆曰。『賢者固不可測。往日之喜。乃爲親屈也。』 均兄爲縣吏。頗受禮遺。均諫不聽。乃脫身爲傭。歲餘。得錢帛。歸以與兄曰。『物盡可復得。爲吏坐贓。終身捐棄。』兄感其言。遂爲廉潔。章帝聞其名。賜均義穀各千斛。命長吏存問。 汝南薛包少有至行。父娶後妻。憎包。分出之。包日夜號泣。不忍去。至被毆扑。不得已。廬於外。旦入洒掃。父怒。逐之。乃廬於里門。昏晨不廢。積歲餘。父母慚而還之。及父母亡。弟子求分財異居。包不能止。乃中分其財。奴婢引其老者曰。『與我共事久。若不能使也。』田盧取其荒頓者曰。『我少時所治。意所戀也。』器物取其朽敗者曰。『我素所服食。身口所安也。』弟子數破其產。輒復賑給。安帝聞其名。徵拜侍中。不就。 故太尉李固杜喬爲梁冀所害。固弟子郭亮未冠。左提章鉞。右秉鐵鑕。詣闕上書。乞收固尸。不報。與董班俱往臨哭。不去。喬故掾陳留楊匡，號泣星行至洛。著故赤幘。托爲夏門亭（即洛陽西北門萬歲亭）吏。守護尸喪。詣闕上書並乞二公骸骨。太后許之。匡送喬喪還家。葬訖。行服。遂與亮，班皆隱匿。終身不仕。州郡收固子基，茲，下獄。皆殺之。固弟子王成攜固幼子燮。乘江東下。入徐州界。變姓名爲酒家傭。而成賣卜於市。各爲異人。陰相往來。積十餘年。梁冀伏誅。燮乃還鄉里。　徐穉家貧。常自耕稼。非其力不食。恭儉義讓。所居服其德。屢辟不起。陳蕃爲豫章太守。以禮請署功曹。穉既謁而退。蕃性高峻。不接賓客。穉來，特設一榻。去則懸之。後舉有道。家拜太原太守。皆不就。　彭城姜肱。與弟仲海，季江，俱以孝友著稱。嘗俱詣郡。夜遇盜。欲殺之。肱曰。『弟年幼。父母所憐。又未聘娶。願殺身濟弟。』季江曰。『兄年德在前。家之珍寶。國之英俊。乞自受戮。以代兄命。』盜兩釋焉。但掠奪衣資而已。既至郡中。見肱無衣服。怪問其故。肱托以他辭。終不言盜。盜聞而感悔。就肱叩頭謝罪。還所掠物。肱不受。勞以酒食而遣之。　桓帝時。徵安陽魏桓。其鄉人勸之行。桓曰。『夫干祿求進。所以行其志也。今後宮千數。其可損乎。廄馬萬匹。其可減乎。左右權豪。其可去乎。』皆對曰。『不可。』桓乃慨然嘆曰。『使桓生行死歸。於諸子何有哉。』遂隱身不出。　太原郭泰博學善談論。性明知人。好獎訓士類。茅容年四十餘。耕於野。與等輩避雨樹下。衆皆夷踞。容獨危坐。泰見而異之。因請寓宿。旦日。容殺雞。食母。餘半庋置。自以草蔬與客同飯。泰曰。「卿賢哉遠矣。郭林宗猶減三牲之具。以供賓旅。而卿如此。乃我友也。」起對之揖。勸令從學。鉅鹿（今河北大名道鉅鹿縣）孟敏。荷甑墮地。不顧而去。泰見問之。對曰。「甑已破矣。視之何益。」泰以爲有分決。亦勸令游學。陳留（今河南開封道陳留縣）申屠蟠。爲漆工。鄢陵（今河南開封道鄢陵縣）庾乘。爲門士。泰奇之。後皆爲名士。自餘或出於屠沽卒伍。因泰獎進成名者甚衆。或問范滂曰。「郭林宗何如人。」滂曰。「隱不違親。貞不絕俗。天子不得臣。諸侯不得友。吾不知其他。」泰舉有道不就。或勸之仕。泰曰。「吾夜觀乾象。晝察人事。天之所廢。不可支也。吾將優游卒歲而已。」然猶周旋京師。誨誘不息。徐穉以書戒之曰。「夫大木將顛。非一繩所維。何爲栖栖不遑寧處。」泰感悟曰。「謹拜斯言。以爲師表。」陳留仇香。至行純嘿。鄉黨無知者。年四十。爲蒲亭（亭名。漢屬陳留郡考城縣。今隸河南開封道）長。勸人生業。爲制科令。子弟就學。賑恤窮寡。朞年大化。民有陳元。獨與母居。母詣香告元不孝。香驚曰。「吾近日過元舍。廬落整頓。耕耘以時。此非惡人。當是教化未至耳。母守寡養孤。苦身投老。奈何以一旦之忿。棄歷年之勤乎。且母養人遺孤。不能成濟。若死者有知。百歲之後。當何以見亡者。」母泣涕而起。香乃親到元家。爲陳人倫。譬以禍福。元感悟。卒爲孝子。考城令王奐署香主簿。謂之曰。『聞在蒲亭。陳元不罰而化。得無少鷹鸇之志耶。』香曰。『以爲鷹鸇不若鸞鳳。故不爲也。』奐曰。『枳棘非鸞鳳所集。百里非大賢之路。』乃以一月俸資香使入太學。其父子兄弟師友吏民之間以道義相尙如此。儒教之感人者深矣。　然而好名之念太重。往往故爲矯激之行。批評當世人物。號爲激濁揚淸。受其毀譽者。一語之褒。榮於華袞。一語之貶。嚴於斧鉞。當時名儒王符作潛夫論。朱穆作絕交論。蓋有慨乎其言之。　又好廣交際。通聲氣。有互相標榜之習。前太尉黃瓊之卒也。四方名士來會其葬者六七千人。郭泰初游洛陽。時人莫識。陳留符融一見嗟異。因以介於河南尹李膺。膺與爲友。後歸太原鄉里。諸儒送至河上。車數千輛。太學諸生三萬餘人。郭泰，賈彪爲其冠。與李膺陳蕃王暢更相褒重。學中語曰。『天下模楷李元禮。不畏彊禦陳仲舉，天下俊秀王叔茂。』於是中外承風。競以臧否相尙。自公卿以下。莫不畏其貶議。屣履到門。

第四節　第一次鉤黨之獄

初。桓帝爲蠡吾侯時。受學於甘陵周福。及即位。擢福爲尙書。時同郡房植有名當朝。鄉人爲之謠曰。『天下規矩房伯武。因師獲印周仲進。』二家賓客互相譏揣。遂成尤隙。由是甘陵有南北部。黨人之議自此始矣。

汝南太守宗資以范滂爲功曹。南陽太守成瑨以岑晊爲功曹。皆悉心聽任。使之褒善糾違。肅清朝府。滂尤剛勁。疾惡如讎。郡中中人以下。莫不怨之。於是二郡爲謠曰。『汝南太守范孟博。南陽宗資主畫諾。南陽太守岑公孝。弘農成瑨但、坐嘯。』

宛有富賈張汎。恃後宮。中官用執縱橫。岑晊勸瑨收捕。旣而遇赦。瑨竟誅之。後乃奏聞。小黃門晉陽趙津。貪橫放恣。太原太守劉瓆。亦於赦後殺之。侯覽使汎妻上書訟冤。宦官因緣譖訴瑨瓆。帝大怒。徵下獄。有司承旨。奏當棄市。

山陽太守翟超。以張儉爲督郵。侯覽家在防東。（縣名今山東濟寧道金鄉縣）殘暴百姓。大起塋冢。儉舉奏覽。破其冢宅。籍沒資財。徐璜兄子宣爲下邳令。求故汝南太守李暠女。不得。遂將吏卒至暠家。載其女歸。射殺之。東海相黃浮收宣家屬。無少長悉案棄市。宦官訴冤。帝又大怒。超浮並坐髡鉗輸作。太尉陳蕃上疏力爭。上不納。瑨瓆俱死獄中。瑨瓆素剛直。有經術。知名當時。天下惜之。岑晊逃竄獲免。

河內張成善風角。推占當赦。教子殺人。司隸校尉李膺收捕。逢赦。竟案殺之。成素以方技交通宦官。宦官教成弟子牢修上書。告膺等養太學遊士。共爲部黨。誹訕朝廷。疑亂風俗。帝震怒。班下郡國。逮捕黨人。布告天下。使同忿疾。下膺等北寺獄。辭連太僕杜密及陳寔范滂之徒二百餘人。或逃遁不獲。皆懸金搆募。陳蕃上書極諫。上怒免其官。朝臣震慄。莫敢復爲黨人言者。后父城門校尉槐里侯竇武上疏力爭。尚書霍諝亦爲表請。帝意稍解。膺等多引宦官子弟。宦官懼。請帝以天時宜赦。遂赦。改元。黨人二百餘人皆放歸田里。書名三府。禁錮終身。是爲第一次鉤黨之獄。起桓帝延熹九年七月。終永康元年六月。凡延亘一年。

第五節　第二次鉤黨之獄

黨獄之初起也。所染皆天下名賢。度遼將軍皇甫規自以西州豪傑。恥不得與。乃自上言。『臣前薦故大司農張奐。是附黨也。太學生張鳳等上書訟臣。是爲黨人之所附也。臣宜坐之。』朝廷不問。　范滂之遇赦還鄉也。汝南南陽士大夫迎之者車數千輛。滂曰。『是重吾禍也。』遂遁還。　李膺等雖廢錮。天下士大夫皆高尚其道。而汚穢朝廷。更相標榜。爲之稱號。以竇武，陳蕃，劉淑爲三君。君者，言一世之所宗也。李膺，杜密等八人爲八俊。俊者，言人之英也。郭泰，范滂等八人爲八顧。顧者，言能以德行引人者也。張儉，岑晊等八人爲八及。及者，言其能導人追宗者也。度尙，張邈等八人爲八廚。廚者，言能以財救人者也。其受人崇拜不善韜晦類如此。第二次黨獄之禍從此伏矣。

是年十二月，桓帝崩。靈帝即位。尊皇后竇氏爲皇太后。臨朝稱制。以竇武爲大將軍。陳蕃爲太傅。與司徒胡廣參錄尚書事。是時靈帝年纔十二。以宗室藩侯入承大統，武、蕃秉政。外戚清流結爲一系。聯合以排宦者。靈帝幼沖。爲宦官所愚弄。於是第二次黨獄復起。

初竇太后之立也。陳蕃有力焉。及臨朝。政無大小。皆委於蕃。蕃與竇武同心戮力。以奬王室。徵天下名賢李膺、杜密、尹勳、劉瑜等共參政事。天下延頸想望太平。而帝乳母趙嬈，與中常侍曹節、王甫等共相朋結。諂事太后。太后信之。數出詔命。有所封拜。蕃、武疾之。會有日食之變。蕃說武斥罷宦官。以塞天變。武乃白太后。請悉誅廢宦官。以清朝廷。太后曰『故事世有宦官。但當誅其有罪者。豈可盡廢耶。』時中常侍管霸頗有才畧。專制省內。武先白收霸誅之。復數白誅節等。太后猶豫不忍。 建寧元年八月。太白犯房之上將。入太微。劉瑜勸武速定大計。武乃奏收長樂尚書鄭颯。送北寺獄。使尚書令尹勳，黃門令山冰雜考之。辭連曹節，王甫。勳，冰奏收節等。使劉瑜納奏。會武出宿歸府。典中書者先以告長樂五官史朱瑀。瑀盜發武奏。罵曰。『放縱者自可誅耳。我曹何罪。而當盡見族滅。』乃夜召所親共普等十七人。歃血共盟。節請帝出御前殿。召尚書官屬。脅以白刃。使作詔版。拜甫爲黃門令。持節至北寺獄。收勳冰，殺之。出颯。還兵劫太后。奪璽綬。使颯持節收武等。武馳入步兵營。召會北軍五校士數千人屯都亭。蕃聞難。將官屬諸生八十餘人。拔刃突入尚書門。甫使劍士收蕃。送北寺獄。殺之。時護匈奴中郞將張奐徵還。節等矯制使奐率五營士討武。武兵敗自殺。甫收捕武宗親賓客。悉殺之。遷太后於南宮。徙武家屬於日南。自公卿以下嘗爲蕃武所舉者及門生故吏皆免官禁錮。節遷長樂衞尉。與王甫朱瑀，共普等皆封列侯。於是群小得志。士大夫皆喪氣。張奐遷大司農。封侯。奐深病爲節等所賣。固辭不受。

侯覽怨張儉尤甚。覽鄉人朱並承覽意指，上書告儉與同鄉二十四人。別相署號。共爲部黨。圖危社稷。詔刊章捕儉等。建寧二年十月。曹節諷有司奏諸鉤黨者故司隸校尉李膺太僕杜密等。請下州郡考治。是時上年十四。問節等曰。「黨人何用爲惡而欲誅之耶。」對曰。「相舉群輩，欲爲不軌。」上曰。「不軌欲如何。」對曰。「欲圖社稷。」上乃可其奏。收膺密等百餘人。皆下獄死。妻子徙邊。天下豪傑及儒學有行義宦官一切指爲黨人。有怨隙者。陰相陷害。睚眦之忿。濫入黨中。或有未嘗交關。亦罹禍毒。其死徙廢禁者又六七百人。是爲第二次鉤黨之獄起靈帝建寧元年八月。終二年十月。凡延亘一年二月。距第一次黨獄。僅隔一年。

第六節　黨獄之餘波及其結果

兩次黨獄。天下名賢誅戮殆盡。獨陳寔申屠蟠，袁閎，夏馥，郭泰，等不與焉。初中常侍張讓父死。歸葬潁川。雖一郡畢至而名士無往者。讓恥之。陳寔獨弔焉。及誅黨人。讓以寔故。多所全宥。范滂等非訐朝政。自公卿以下皆折節下之。太學生爭慕其風。申屠蟠獨曰。『昔戰國之世。處士橫議。列國之王至爲擁篲先驅。卒有坑儒燒書之禍。今之謂矣。』乃絕迹於梁碭之間。因樹爲屋。自同傭人。卒免於禍。袁閎爲司徒安玄孫。世爲宰相。中常侍袁赦推崇以爲外援。閎見時方險亂。而家門富盛。心竊憂之。及黨禍起。欲投迹深林。以母老不忍去。乃築土室四周於庭。不爲戶。自牖納飲食。母思閎時。行就視。母去。便自掩閉。兄弟妻子莫得見也。潛身十八年。卒於土室。夏馥自剪鬚變形。入林慮山中。隱姓名爲冶家傭。親突煙爨。形貌毀瘁。積二三年。人無知者。弟靜載帛追餉之。馥不受。曰。『弟奈何載禍相餉乎。』郭泰雖好藏否。而不爲危言覈論。故能處濁世而怨禍不及焉。是爲黨獄後之碩果僅存者。

四年。帝加元服。赦天下。唯黨人不赦。次年。（熹平元年）太后崩。曹節，王甫，欲以貴人禮殯葬。帝不可。乃發喪成禮。節等欲別葬太后。太尉李咸，廷尉陳球，力爭乃止。有人書朱雀闕。（南司馬門闕在宮門外）言曹節王甫幽殺太后。詔司隸校尉劉猛逐捕。猛以其言直不肯急捕。月餘。主名不立。詔以段熲代猛。熲乃四出逐捕。及太學游生繫者千餘人。節等又使熲以他事奏猛。輪輸左校。王甫與渤海王悝有隙。譖殺之。悝妃宋氏皇后之姑也。甫因譖皇后下暴室。以憂死。父及兄弟皆被殺。

熹平五年。永昌太守曹鸞上書。請赦黨人。上怒。檻車收鸞下獄。掠殺之。詔州郡更考黨人。門生故吏父子兄弟在位者。悉免官禁錮。爰及五屬。是爲黨獄餘波。自是以後。正人絕迹。政柄盡入於宦官之手。直至中平元年。黃巾賊起。始納中常侍呂强諫。赦黨人。旋聽中常侍張讓趙忠讒。殺强。於是宦官專橫愈甚。六年靈帝崩。大將軍何進謀誅宦官。反爲所殺。司隸校尉袁紹，捕宦者。悉誅之。宦官之禍。從此告終。漢室亦不可爲矣。此眞附骨之疽。一割則有姓命之虞者也。

第三章　兩晉南北朝時代門第之見與方輿之見

第一節　古代門第之見之面影

凡人群進化第一期往往經過階級制度。古代波斯，印度，埃及等國所謂 Castes。歐洲各國所謂 Eastates 者。皆此制度之表現也。我國歷史有可以自豪於世界者一事。則此無制度是也。中國自上古時代家族主義日見發達。經過唐虞三代而至春秋戰國。國家政權。恆操諸貴族之手。若堯時之四岳，周初之二伯，春秋時代齊之國高崔慶，魯之三桓，鄭之七穆，晉之欒郤胥原范荀，楚之昭屈景，皆是也。孔老墨諸大學者皆深惡貴族政治力倡萬民平等主義。自春秋初年。以至戰國末年。國家主義發達。兼併政策盛行。列國之競爭最劇。相率以登進人才擴張國勢為務。故敬禮處士。招致客卿。各國之上相大將。如秦之商鞅，范睢，燕之劇辛，樂毅，趙之廉頗藺相如等。無一不起自遠客賤族。皆以處士權傾人主。而各國貴族中之賢者。如齊之孟嘗君，趙之平原君，魏之信陵君等。亦往往紆尊降貴。自放棄其特權。以結懽於處士。至秦併六國。廢封建。設郡縣。徙諸郡豪傑於咸陽。漢高帝繼之。徙齊諸田，及楚昭，屈，景，諸大族於關中。於是貴族之勢衰。其後遂夷於庶姓。數千年來因循之貴族政治。

一掃以盡。

漢高帝起草澤。作天子。其本身既已不帶一毫貴族性質。其左右股肱。若蕭，曹，韓，彭，平，勃之流。皆起家賤吏牙儈屠狗之徒。致身通顯。君臣同道。翕舉自有人類以來天然階級之陋習。摧滅而廓清之。故自漢興而布衣將相之局已定。求其類似貴族者。則西漢勳臣中之金張后族中之呂，竇，田，霍，上官，王氏。東漢后族中之馬，竇，鄧，閻，梁氏。宰相家之袁氏而已。然皆不旋踵而滅。在政治上之影響固已微矣。

第二節　兩晉南北朝時代門第之見

自魏陳群立九品中正取士之制。（漢獻帝建安二十五年。魏尚書陳群立九品官人之法。州郡皆置中。正擇有識鑒者爲之。區別人物。第其高下。）沿及晉代。至有所謂「上品無寒門，下品無世族」者。故自戰國以後至今日。中間惟兩晉南北朝時代。頗有貴族階級臭味。「舊時王謝堂前燕。飛入平常百姓家。」貴族與尋常百姓之區別。頗印於全社會之腦中矣。南北朝時。門第益重。視後門寒素。殆如良賤之不可紊。史稱趙邕寵貴一時。欲與范陽盧氏爲婚。盧氏有女。父早亡。叔許之。而母不肯。又崔巨倫姊眇一目。其家議欲下嫁。巨倫姑悲戚曰。「豈可令此女屈事卑族。」又何敬容與到溉不協。

謂人曰，「到溉尚有餘臭遂學作貴人」是其例也。 而單門寒士亦遂自視微陋不敢與世家相頡頏，宋書稱蔡興宗以征西將軍開府儀同三司，荊州刺史被徵還都時右軍將軍王道隆，任參國政權重一時躡履到興宗前不敢就席良久方去竟不呼坐又元嘉初中書舍人狄當詣太子詹事王曇首不敢坐又宗越本南陽次門以事黜爲役後立軍功啓宋文帝求復次門等是其例也 其有發跡通顯得與世族相攀附則視爲莫大之榮幸史稱王敬則與王儉同拜開府儀同三司儉曰「不意老子遂與韓非同傳」敬則聞之曰「我南沙小吏徼倖得與王衞軍同拜三公夫復何恨」又孫搴寒賤齊神武賜以韋氏女爲妻韋氏本士族時人榮之等是其例也 甚至風俗所趨積重難返雖以帝王之力欲變易之而不可得史稱宋文帝寵中書舍人王宏謂曰「卿欲作士人得就王球坐乃當判耳若往詣球可稱旨就席」及至宏將坐球舉扇曰「卿不得爾」宏還奏帝曰「我便無如此何」他日帝以勸球球曰「士庶區別國之常也臣不敢奉詔」又稱紀僧眞常啓宋武帝曰「臣小人出自本州武吏他無所須惟就陛下乞作士大夫」帝曰「此事由江斆謝瀹我不得措意可自詣之」僧眞承旨詣斆登榻坐定斆命左右移吾牀遠客僧眞喪氣而退以告帝帝曰「士大夫固非天子所命一等。是其例也。　此等習尙沿至初唐而猶極盛。史稱山東士人崔，盧，李，鄭諸族自矜地望。凡爲婚姻必多責財幣。或輸其鄉里而妄稱名族。或兄弟齊列而更以妻族相陵。太宗惡之。命吏部尙書高士廉等刊正姓氏。第爲九等而崔氏猶居第一。太宗家列居第三。詔曰「曩時南北分析。故以王謝崔盧爲重。今則天下一家矣。」遂合三百九十三姓，千六百五十一家爲氏族志。頒行天下。以皇族爲首。外戚次之。崔氏爲第三。而李義府傳猶云。「自魏太和（後魏孝文帝年號）中。定望族七姓子孫迭爲婚姻。唐初作氏族志。一切降之。然房玄齡，魏徵，李勣仍往求婚。故望不減」云。則固非太宗所能禁矣。　及中唐猶未革。史稱李日知貴。諸子方總角。皆通婚於名族。又李懷遠與李林甫親善。常慕與山東著姓通婚姻。引就淸列。又張說好求山東婚姻。與張姓親者皆爲門甲。又杜羔傳云。文宗欲以公主降士族。曰「民間婚姻。不計官品而尙閥閱。我家二百年天子。反不若崔盧耶。」可見唐之中葉其風不衰也。　其南北朝時之望族若太原王氏。范陽盧氏。滎陽鄭氏。淸河博陵二崔氏。隴西趙郡二李氏。仍恃其族望。恥與卑族爲婚。高宗嘗禁其自相婚娶以窘之。七姓乃不敢復行婚禮。仍飾其女以送夫家。亦可見習俗之難移矣。

以上所舉各種無意識舉動。實中國數千年來一怪現象也。其原因所自起。不能確言。大率由於虛名。非由於實力也。彼之所謂門第者。於政治上之權力毫無關係。雖起寒門。可以致其位於將相。雖致將相。不能脫其籍於寒門。故六朝時代可以謂之有貴族。而不可謂之有貴族政治。與日本近代之華族，歐洲各國近代之貴族，性質自不同也。

第三節　兩晉南北朝時代方輿之見

中國文化。發生於黃河流域。經過唐虞三代。揚子江西江兩流域猶爲苗民所盤據。列於要服荒服之中。春秋時代。現今湖北境內之楚，江蘇境內之吳，浙江境內之越相繼勃興。揚子江流域始交通於上國。戰國末年。秦王翦滅楚。乘勢定江南。降百越。置會稽郡。始皇三十三年。發兵略取南粵。置南海，桂林，象郡。又取閩越。置閩中郡。於是西江閩江甌江流域。皆收入中國版圖。漢興。眞定人趙佗據西江流域。故閩粵王無諸據閩江流域。故閩粵君搖據甌江流域。各自立國。武帝時。復一切恢復之。仍設郡縣。以漢人爲流官處理之。自此以後。漢族文化。逐漸輸入。然其地卑濕沮洳。宦遊其地之官吏。多係左遷。移居其地之人民。多係謫徙。黃河流域中流社會以上之人物。多安土重遷。不肯輕易南下。揚子江流域依然爲蠻夷巢穴。草昧未闢。西江流域更可知矣。　三國時代。吳大帝據江東立國。北拒魏。西通蜀。南與海南諸國貿易。東求夷洲亶洲。是爲江南建立大國之始。揚子江流域逐漸漢化。　西晉末年。匈奴劉淵據并州北部作亂。洛陽長安相繼淪陷。懷愍二帝相繼被虜。黃河流域無一片乾淨土。宗室瑯琊王睿，以揚州刺史資格即位於建業。皇族貴戚與中流社會以上之人物。多奔避江南往依之。自此以後。江南文化驟然發達。而黃河流域爲匈奴，鮮卑，氐，羌諸族更迭蹂躪。僅少數之漢族留居故土。與之雜居。文化不能不退步。於是江南漢族。以排外思想，與復仇思想。結合爲一。嫉視北方人。北方各民族。亦以戰勝國自居。藐視南方人。南北朝對立時代。南謂北爲索虜。北謂南爲島夷。互相詆毀。無所不至。雖其中有種族之見存乎。然方輿之見亦自有不可掩者。對於留居北方之漢人。亦未始不排斥之也。　東晉末年。有楊佺期者。本華陰人。漢太尉震之後。曾祖準。晉太常。自震至準。七世有名德。祖林。少有才望。值亂。沒胡。父亮。少仕僞朝。後歸國。屢立戰功。終於梁州刺史。以貞幹知名。佺期沈勇果勁。自云門戶承籍。江表莫比。有以其門第比王珣者。猶恚恨。而時人以其晚過江。婚宦失類。兄弟皆粗獷。每排抑之。恆慷慨切齒。欲因事際以逞其忿。安帝時。爲南郡相。會青兗都督王恭，荊州都督殷仲堪，與太傅錄尙書事會稽王道子構隙。恭仲堪以討江州都督王愉及譙王尙之兄弟皆道子黨爲名。與南郡公桓玄舉兵反。恭司馬劉牢之執恭以降。殺之。仲堪以佺期爲前鋒。與玄襲破江州。朝廷不得已。以玄爲江州刺史。佺期爲雍州刺史。與之和。勅仲堪使回軍。佺期知玄有野心欲舉兵攻之。仲堪不從。次年玄舉兵攻仲堪於江陵。佺期救之。兵敗，皆爲玄所殺。

杜坦者京兆杜陵人。高祖預晉征南大將軍，曾祖耽避晉亂。居河西。仕張氏前秦王苻堅克涼州。子孫始還關中。宋武帝滅後秦。坦兄弟從過江。時江東王謝諸族方盛。北人晚渡者。朝廷悉以傖荒遇之。雖復人才可施。皆不得踐清途。宋文帝元嘉中。坦爲青州刺史。常與帝言及史籍。上曰。『金日磾忠孝淳深。羣臣莫及。恨今世無復此輩人，』坦曰。『日磾假生今世養馬不暇。豈辨見知。』上變色曰。『卿何量朝廷之薄也。』坦曰。『請以臣言之。臣本中華高族，世業相承。直以南渡不早，便以傖荒賜隔，況日磾胡人，身爲牧圉乎。』 上默然。 北人重同姓。多通譜系。南人則否。史稱晉故大司馬石苞曾孫樸沒於寇。後趙主石勒以與樸同姓。俱出河北。引樸爲宗室。特加優寵。位至司徒。又南史侯瑱傳。侯景以瑱與己同姓。托爲宗族。待之甚厚。此以殊族而自附於漢族者也。北方人之習慣也。王仲德者。宋之名將。生長北方。

聞王愉在江南。是太原人。乃往依之。愉禮之甚薄。此以漢族而排漢族者也。南方人之性質也。

第四章　有唐中葉以後牛李黨之傾軋

第一節　牛李黨成立之原因

有唐中葉以後。政府之實權入於宦官手。無政黨發生之餘地。然玄宗時代之姚崇，宋璟，李林甫，楊國忠。代宗時代之元載，楊綰。德宗時代之崔祐甫，楊炎，盧杞，張延賞，李泌，陸贄等。無論其人爲賢爲不肖。而皆有相當勢力。足以左右政界。同時之宦官若楊思勗，高力士，李輔國，程元振，魚朝恩，白志貞，竇文場，霍仙鳴等。雖有一部分權力。足以牽掣宰相行政。固未能取而代之也。有唐時代之風氣。內重外輕。凡京朝官出爲都督刺史。宰相出爲節度觀察等使者。皆目爲左遷。聚天下之人才薈萃於中央政府。而無相當之位置以調劑之。勢不得不出於競爭。競爭之結果。君子與小人不能相容。勢不得不出於傾軋。競爭而至於傾軋。其君又無知人之明。於是君子退。小人進。而黨禍成矣。有唐之朋黨。與漢末之鉤黨異。漢末之鉤黨。其主體爲士君子。其對象物爲宦官。有唐之朋黨。則雙方皆士大夫也。漢末之鉤黨。始於甘陵二部相譏。成於太學諸生相譽。所爭者意氣。所急者國事也。唐末之朋黨。始於牛僧孺李宗閔之對策。成於錢徽李宗閔之貶黜。所爭者意氣。所急者功名也。漢之黨尚節義。政亂於上。而俗渾於下。及其亡也。人猶畏義而有所不爲。唐之黨趨勢利。勢盡則離。利盡則散。故其衰季士無操行。以釀成五代之衰亂。推其成立之原因。約有三端。

一，李逢吉李宗閔牛僧孺等。妬賢嫉能。貪戀祿位。故引進同類。把持朝政。排斥異己。即使與裴李諸公無宿嫌。亦決不能相得。蓋冰炭不同爐。薰蕕不同器。君子小人不能共秉國鈞也。

二，穆宗昏庸。敬宗荒淫。無足論矣。文宗號稱令主。然優柔寡斷。無知人之明。故對於賢臣。時常懷猜疑心。對於庸臣。時常懷牽就心。對於佞臣。時常懷試驗心。中無主見。往往爲小人所利用。反不若蜀漢後主明神宗之庸懦幼弱者。猶能恭己無爲。任賢勿貳也。裴李諸賢不能久居政府者以此。甘露之禍所以釀成者亦以此也。及武宗即位。始重用文饒。制馭宦官。掃平河朔。征服回鶻。綏附黠戛斯。安撫黨項。以制吐蕃。漠南漠北。烽煙無警。行見河隴舊地。復歸於中國。文治武功。恢復有唐盛時狀況。不幸武宗早世。文饒爲異己者所排。遠竄蠻方。沒於瘴地。此眞天不祚唐也。自此以後。河隴雖一時恢復。旋復淪沒。釀成有宋初年西夏之禍。朔方河西隴右等富庶之地。驟然退化。無復漢唐時舊觀。直至現在。猶爲漢蒙回人雜居之地。聲名文物。遠在沿江沿海各省之下。抑亦天不祚中國也。

三，文饒之爲人才高氣勁而不知道。功名心重。得失心重。而不知自反。蘇子瞻論賈長沙云。「惜乎賈生志大而量小。才有餘而識不足也。」吾於文饒亦云然。孔子曰。「忠恕違道不遠。施諸己而不願。亦勿施于人。」文饒對於李宗閔等似尙未能行恕道。昔者西漢中葉。霍光廢昌邑王立宣帝。侍御史嚴延年劾其專橫。光不以爲忤。僧孺宗閔對策。亦據己見論國事耳。使言而非。無足與校。使言而是。儘可採擇以備選用。不當怨而不解。春秋責備賢者。文饒父子。於是有慚德矣。

有此三原因。而有唐中葉之黨禍成矣。其事蹟首尾。下依次序論之。

第二節　牛李結怨之始

先是憲宗元和二年。以李吉甫同平章事。吉甫謂中書舍人裴垍曰。「吉甫流落江淮。踰十五年。一日蒙恩拔擢至此。思所以報德。惟在進賢。而朝廷後進。罕所接識。君有精鑒。願悉爲我言之。」垍取筆疏三十餘人。數月之間。選用略盡。當時翕然稱爲得人。三年四月。策試賢良方正直言極諫舉人牛僧孺，皇甫湜，李宗閔，皆指陳時政之失無所避。考官楊於陵，韋貫之署爲上第。上亦嘉之李吉甫惡其言直泣訴于上。且言湜，翰林學士王涯之甥也。涯與裴垍覆試而不自言。上不得已罷垍爲戶部侍郎。貶貫之巴州（今四川東川道巴縣）刺史。涯虢州（今河南河洛道陝縣）司馬。出於陵爲嶺南節度使。僧孺等久之不調。各從辟於藩府。是爲牛李結怨之始。

元和十五年。憲宗崩穆宗卽位。次年（長慶元年）四月。右補闕楊汝士與禮部侍郎錢徽掌貢舉。西川節度使段文昌翰林學士李紳，各以書屬所善進士。及榜出。二人所屬皆不預。而諫議大夫鄭覃弟朗，（故相珣瑜之子）河東節度使裴度子譔，中書舍人李宗閔壻蘇巢，汝士弟殷士及第。文昌言於上曰。『今歲禮部殊不公所取皆以關節得之。』上以問諸學士。是時李吉甫之子德裕，與李紳元稹，俱在翰林。以學識才名相類。情頗欵密。德裕以宗閔嘗對策譏切其父。恨之。稹與宗閔爭進取有隙。於是德裕，稹，紳，皆以文昌言爲然。上乃命覆試。黜朗等十人。貶徽江州（今江西潯陽道九江縣）刺史。宗閔劍州（今四川嘉陵道劍閣縣）刺史。汝士開江（今四川東川道開江縣）令。或勸徽奏文昌紳屬書。上必悟。徽曰。『苟無愧心。得喪一致。奈何奏人私書。豈士君子所爲耶。』取而焚之。時人多之。自是德裕宗閔。各分朋黨。更相傾軋。垂四十年。

第三節 牛黨得意時代

一，李逢吉專政時代。李逢吉牛僧孺內閣。（穆宗長慶二年六月逢吉入相三年三月僧孺入相敬宗寶歷元年正月僧孺罷二年十一月逢吉罷凡四年零五個月）先是元和初年憲宗用兵伐叛。始於宰相杜黃裳。（貞元二十一年七月黃裳入相元和二年正月罷凡一年半）武元衡裴度繼之。李吉甫繼之。方欲出兵經略兩河而遽卒。（元和二年正月入相三年七月罷凡一年半六年正月復相九年十月卒凡三年零十一個月）武元衡裴度繼之。以次削平河南北諸強藩。（元和二年正月元衡入相四月出爲西川節度使八年三月復相十年六月爲李師道刺客所殺凡二年零三個月同年同月裴度入相十二年七月出討淮西十二月復入知政事十四年四月罷凡三年十一個月）而韋貫之李逢吉相繼入相。深以用兵爲非。屢請罷兵。上不悅。二人相繼罷相。（九年十二月貫之爲相十一年二月逢吉爲相八月貫之罷十二年九月逢吉罷）故逢吉深不滿意於吉甫與度。穆宗長慶元年。盧龍叛將朱克融，（囚節度使張弘靖）成德叛將王庭湊，（殺節度使田弘正）魏博叛將史憲誠，（殺節度使田布）相繼作亂。河北復陷。是時裴度已罷相出鎮河東。詔以度爲鎮州（今河北保定道正定縣）行營都招討使。督諸軍討庭湊。翰林學士元稹與知樞密魏弘簡相結。求爲宰相。以度先達重望。恐其復有功大用。妨已進取。故度所奏軍事。多與弘簡從中沮之。度上書論奏。上不得已。罷弘簡爲弓箭庫使。出稹爲工部侍郎。而恩遇如故。二年二月。以稹同平章事。稹怨度。欲解其兵柄。乃勸帝雪庭湊。授爲節度使而罷兵。以度爲司空，同平章事。充東都留守。諫官爭上言度有將相全才。不宜置之散地。上乃命度入朝輔政。於是稹度並相。是時李逢吉爲山南東道節度使。於帝有侍讀之恩。密結倖臣，求還京師。是年三月。徵拜兵部尚書。逢吉以稹與度有隙。欲並傾陷之。乃遣人密告和王傅于方爲稹結客。謀刺度。詔僕射韓皋等按驗。皆無狀。逢吉因乘隙併排稹度。是年六月。罷度爲右僕射。出稹爲同州（今陝西關中道大荔縣）刺史。而以逢吉爲門下侍郎，同平章事。 逢吉既得政。銳意報怨。結朝臣之不逞者。造作謗言百端。欲中傷度。翰林學士李紳，韋處厚，從中維持調護。度僅得安於位。

是時李德裕爲中書舍人兼翰林學士。以才學結主知。頗有入相希望。逢吉惡吉甫與度。因遷怒於德裕。朝夕短之於上。出爲御史中丞。時牛僧孺爲戶部侍郎。逢吉與之結爲黨羽。欲引僧孺入中書以固其權。懼德裕從中阻之。是年九月。出德裕爲浙西觀察使。次年（長慶三年）三月。引僧孺同平章事。德裕至浙西。八年不遷。由是交怨愈深。逢吉嫉裴度在京。是年八月。出度爲司空山南西道節度使。不兼平章事。 是時河北已再陷。武寧叛將王智興（逐節度使崔群）據徐州。宣武叛將李㝏（逐節度使李愿）據汴州。朝廷不能討。度以元和（憲宗年號）故相。屢立大功。有威名。天下倚以爲重。聞其復相。爭延頸企望太平。至是爲逢吉所逐。人心失望。

逢吉既專大政。外援牛僧孺。內結知樞密王守澄。勢傾朝野。惟翰林學士李紳每承顧問。常排抑之。擬狀至內庭。紳多所臧否。逢吉患之。而上遇紳厚。不能遠也。會御史中丞缺。逢吉薦紳清直。宜居風憲之地。上以中丞亦次對官。可之。逢吉乃奏以吏部侍郞韓愈爲京兆尹。兼御史大夫。放臺參。（京兆尹新授例參御史臺。以愈兼御史大夫。故免臺參。）以紳褊直。必與愈爭。及制出。紳果移牒往來。愈性木強。遂至辭語不遜。喧論於朝。逢吉乃奏二人不協。長慶三年九月。罷愈爲兵部侍郞。出紳爲江西觀察使。二人入謝。上令各自叙其事。乃悟爲逢吉所排。復以愈爲吏部侍郞。留紳爲戶部侍郞。

上既留紳。逢吉愈忌之。紳族子虞以文學知名。自言不樂仕進。隱居華陽川。及從父耆爲左拾遺。虞與耆書求薦己。紳聞而誚之。虞深怨之。悉以紳平日密論逢吉之語告逢吉。逢吉益怒。使虞與從子仲言，及補闕張又新，伺求紳短。揚之於士大夫間。且言紳潛察士大夫有羣居議論者。輒指爲朋黨。白之於上。由是士大夫多忌紳。 四年正月。穆宗崩。敬宗即位。逢吉以紳爲穆宗帷幄近臣。恐上復眷紳。使王守澄言於上曰「陛下所以爲儲貳。逢吉力也。如杜元穎，李紳輩，皆欲立深王。（名悰上弟）上時年十六。疑未信。會逢吉亦有奏言紳謀不利於上。請加貶謫。上初即位。方任大臣。不能自決。從之。是年二月。貶紳爲端州（今廣東粵海道高要縣）司馬。翰林學士龐嚴爲信州（今江西豫章道上饒縣）刺史。蔣防爲汀州（今福建汀漳道長汀縣）刺史。皆紳所引也。又新等猶忌紳。日上書言貶紳太輕。上許爲殺之。朝臣言敢莫。獨翰林侍讀學士韋處厚上疏。指述紳爲逢吉之黨所讒。上稍開寤。會閱禁中文書。有穆宗所封一篋。發之。得裴度杜元穎李紳疏。請立上爲太子。上嗟歎。乃焚譖紳書。後有言者。不復聽矣。　是時逢吉以李虞，張又新，李仲言等八人爲腹心。又有附和之者八人。皆引居要地。時人目之爲八關十六子。有所求請。先賂關子。後達逢吉。無不得所欲。

是年。山南東道節度使牛元翼卒。元翼舊爲深州（今河北保定道深縣）刺史。王庭湊作亂。元翼舉兵討之。庭湊怒。圍深州。朝廷不能救。元翼突圍奔官軍。其家族爲庭湊所虜。元翼鎮襄陽。（今湖北襄陽道）朝廷屢遣中使取之。庭湊遷延不遣。至是聞元翼卒。遂屠其家。上聞而歎息。謂宰相非才。使凶賊縱暴。翰林學士韋處厚言。『裴度勳高中夏。聲播外夷。宜置之巖廊。委其參決。』上乃下詔。復加度同平章事。　是時上年幼。荒於酒色遊宴。狎昵羣小。牛僧孺久在相位。旅進旅退。畏罪不敢言。但累表求出。寶曆元年正月。罷爲武昌節度使。二月。李德裕自浙西獻丹扆六箴以諷諫。（一曰宵衣二曰正服三曰罷獻四曰納誨五曰辨邪六曰防微）上優詔答之。僕射李絳，元和賢相久居端揆。好直諫李逢吉惡之是年十二月。出爲太子少師分司。（京朝官留居東都不治事者名曰分司）東都。言事者多言裴度賢不宜棄之藩鎮。上數遣使勞問度因求入朝。逢吉之黨大懼百計阻之上不聽。二年正月徵度還京復以司空同平章事。十一月。出逢吉爲山南東道節度使。

二，李宗閔專政時代

李宗閔牛僧孺內閣。（太和三年八月宗閔入相四年正月僧孺入相六年十二月僧孺罷七年六月宗閔罷凡三年十一個月）是年十二月。宦官劉克明等弑帝樞密使王守澄，中尉魏從簡等與翰林學士韋處厚密謀。發兵討亂黨。悉誅之。奉文宗即位。以處厚同平章事。文宗恭勤寬儉。有美德。而優柔寡斷。遇事不能堅決。與宰相議事已定。尋復中變。處厚於延英極論之。因請避位。上慰勞不許。

是時李德裕久在浙西。政治修明。軍民悅服。報政爲諸道最。穆宗優詔嘉之。德裕以敬宗荒淫無度。數上書諷諫。上雖不能盡用。而心善之。文宗在藩邸。素知德裕賢。太和二年十二月。韋處厚卒。三年八月。上博採輿論。召德裕爲兵部侍郎。裴度當國。薦以爲相。是時李宗閔爲吏部侍郎。有中人之助。遂以宗閔同平章事。宗閔惡德裕逼己。九月。出德裕爲義成節度使鎭滑州。今河南河北道滑縣 又懼德裕復入。欲引牛僧孺以自助。屢薦僧孺有才。不宜居外。四年正月。召僧孺守兵部尙書。同平章事。二人唱和。相與排擯德裕之黨。稍稍逐之。

是年六月。裴度請老。詔以司徒平章軍國重事。宗閔故爲度彰義節度判官。漸獲進用。至是怨度薦德裕。乘其謝病。九月。出度爲山南東道節度使。 翰林侍講學士鄭覃，長於經學。帝甚重之。宗閔惡覃與德裕相善。奏爲工部尙書。罷其侍講學士。

是時南詔作亂。攻成都。入其郛。西川州郡多陷。一方彫弊。西川節度使杜元穎以文雅自高不曉軍事專務蓄積減削士卒衣粮戍卒皆入蠻境鈔盜自給蠻人反以衣食資之由是蜀中虛實動靜蠻皆知之 是年十月。徙李德裕爲西川節度使。鎭成都。非優賢也。將以窘德裕也。德裕至鎭。作籌邊樓。圖蜀地形。南入南詔。西達吐蕃。日召老於軍旅。習邊事者。訪以山川城邑道路險易廣狹遠近。未踰月。皆若身嘗涉歷。練士卒，葺堡鄣，積糧儲，以備邊。蜀人粗安。又遣使入南詔。索所掠百姓。得四千餘人。復歸成都。 五年九月。吐蕃維州故城在今四川西川道理番縣西十里 副使悉怛謀以城來降。德裕遣兵據其城。維州距成都四百里。南界江陽。岷山連嶺而西。不知其極。東望城都。若在井底。一面孤峰。三面臨江。是西蜀控吐蕃之要地。肅宗至德以後。吐蕃盡陷河隴。惟此州尙存。吐蕃潛以婦人嫁此州守門者。二十年後。二子長成。竊開壘門。引蕃兵夜入城。遂陷。吐蕃得之。號曰無憂城。德宗貞元中。韋皋鎭西川。經略西山八國。欲取維州爲進兵之路。百計謀復之不克。至是德裕上書言狀。詔百官集議。皆請如德裕策。牛僧孺曰。「吐蕃之境。四面各萬里。失一維州。未能損其勢。徒棄誠信。有害無利。」上以爲然。詔德裕執悉怛謀。倂城歸之吐蕃。吐蕃誅之於境上。極其慘酷。德裕由是怨僧孺益深。　六年十一月。西川監軍王踐言入知樞密。數爲上言「縛送悉怛謀。以快虜心。絕降者。非計也。」上亦悔之。尤僧孺失策。僧孺內不自安。會上謂宰相曰。「天下何時當太平。卿等亦有意於此乎。」僧孺對曰。「太平無象。今四夷不至交侵。百姓不至流散。雖非至理。亦謂小康。陛下若別求太平。非臣等所及。」（司馬公曰……是時閹寺脇君於內藩鎭阻兵於外士卒殺逐主帥拒命自立軍旅歲興賦歛日急而僧孺謂之太平不亦誣乎）　退語同列曰。「吾輩爲宰相。天子責成如是。安可久處此地耶。」因累表求去。是年十二月。罷爲淮南節度使。徵李德裕爲兵部尚書。上眷倚甚厚。朝夕且爲相。時李宗閔猶在政府。百計阻之不獲。　七年二月。以德裕同平章事。是時給事中楊虞卿。與從兄中書舍人汝士等。善交結。依附權要。上聞而惡之。德裕入謝。上因與之論朋黨事。德裕對曰。「人才惟邪正兩途。正必去邪。邪必害正。而其辭皆若可聽。在人君深察而進退之。」

不然。二者並進。雖聖賢經營。無由成功也。」他日。上從容晏見宰相。德裕宗閔俱在側。上復語及黨事。宗閔曰。「臣素知之。故若虞卿汝士輩。皆未嘗授以美官。」德裕曰。「給舍非美官而何。」宗閔失色。　初。鄭覃以經學事上潛邸。及即位。仍詔侍講禁中。覃天性鯁直。恒因辨論經義。引伸及時事。宗閔聞而惡之。因事罷其侍講職。一日。上從容語宰相曰。「殷侑經術。頗似鄭覃。」宗閔對曰。「覃，侑經術誠可尚。然其論議時政實不足聽。」德裕曰。「覃，侑之議論。衆人皆不欲聞者。以其有所不便耳。陛下獨喜聞之。天下幸甚。」後旬日。禁中宣出。逕拜覃御史大夫。宗閔語樞密使崔潭峻曰。「事皆宣出。安用中書。」潭峻曰。「八年天子。聽其自行事亦可矣。」宗閔愀然。始不自安。是年六月。罷爲山南西道節度使。以王涯同平章事。

第四節　李訓鄭注專政時代（太和七年九月注始進八年十月訓爲翰林侍讀學士九年五月入相十一月事敗約二年有奇）

甘露之變

文宗素患宦官强盛。太和四年七月。以宋申錫同平章事。密謀誅之。申錫引王璠爲京兆尹。以密旨諭之。璠洩其謀。中尉王守澄與其黨鄭注。使人誣告申錫。謀立帝弟漳王湊。帝信之。五年三月。貶湊爲巢縣公。申錫爲開州（今四川東川道開江縣）司馬。坐死徙者數十百人。　注依附守澄。權勢熏灼。上深惡注。欲罪之。守澄庇之。得免。七年九月。拜右神策判官。帝得風疾。飲注藥頗有驗。由是有寵。注引李訓見守澄。守澄薦之於帝。有寵。是爲甘露之變之張本人。

李訓者。本名仲言。逢吉從子。八關十六子之一也。敬宗寶曆元年。以罪流象州。（今廣西柳江道象縣）至是遇赦。還東都。時逢吉爲東都留守。思復入相。訓自言與鄭注善。逢吉使訓厚賂注。注引訓見王守澄。守澄薦之於帝。訓儀狀秀偉。倜儻尚氣。頗工文辭。有口辯。多權數。上見之大悅。欲以爲諫官。置之翰林。李德裕以訓奸邪。不宜置之宮禁。力爭。王涯希帝旨。以爲可用。上因此不滿意於德裕。（給事中鄭肅韓佽封還詔書。德裕出中書。涯謂二人曰。李公適留語。令二閣老不用封敕。二人即行下。德裕聞之大驚曰。有司封駁。豈當稟宰相意耶）

訓注合謀以排德裕。引李宗閔以敵之。八年十月。召宗閔還京。爲中書侍郎，同平章事。罷德裕爲山南西道節度使。同日以訓爲翰林侍讀學士。訓注德王璠引爲尙書左丞。復媒孽德裕。（初德裕鎭浙西。漳王傅母杜仲陽坐宋申錫事放歸金陵。詔德裕存問之。至是王璠等奏德裕厚賂仲陽陰結漳王圖爲不軌。上大怒以德裕爲賓客分司）九年四月。再貶爲袁州（今江西廬陵道宜春縣）長史。宰相路隋力爭。上不悅。罷隋爲鎭海節度使。以賈餗同平章事。時德裕宗閔各有朋黨。互相擠援。上患之。每歎曰。「去河北賊易。去朝中朋黨難。」注求爲兩省官。李宗裕不許。注毀之於上。是年六月。貶宗閔明州（今浙江會稽道鄞縣）刺史。再貶處州（今浙江甌海道）

麗水長史。三貶潮州（今廣東潮循道潮安縣）司馬。（京城訛言鄭注爲上合金丹須小兒心肝注惡京兆尹楊虞卿與李訓共搆之云此語出於虞卿家人上怒下虞卿獄宗閔救之上怒叱出貶之）訓注爲上畫太平之策。以爲當先策除宦官。次復河湟。（今甘肅西部黃河上流及西甯河大通河流域即唐隴右河西地）次清河北。開陳方畧。如指諸掌。上以爲信。寵任日隆。旋以注爲翰林侍讀學士。學士李玨嘗短注於上。至是貶江州刺史。時訓注所惡。皆目爲二李之黨。貶逐無虛日。班列殆空。

自宋申錫獲罪以後。宦官益橫。上不能堪。訓注揣知上意。數以微言動上。上意其可與謀大事。遂密以誠告之。訓注遂以誅宦官爲己任。二人言無不從。聲勢烜赫。外人但知訓注倚宦官作威福。不知其與上有密謀也。上之立也。宦官仇士良有功。王守澄抑之。由是有隙。訓注爲上謀。進擢士良以分守澄之權。九年五月。擢士良爲左神策中尉。七月。進守澄神策觀軍容使。陽尊以虛名。實奪之權。旋遣中使就第賜酖。殺之。人皆快守澄之受佞。而疾訓注之陰狡。　尋以注爲鳳翔節度使。舒元輿與訓同平章事。謀中外協勢以誅宦官。上懲二李朋黨。以賈餗及元輿皆孤寒新進。故擢爲相。庶其無黨。（元輿爲中丞凡訓注所惡者則爲之彈擊故二人引以爲相餗性輕躁褊率與德裕有隙而善於宗閔鄭注故得爲相）訓起流人。期年致位宰相。天子傾意任之。天下事皆決於訓。王涯輩承順風旨。惟恐不逮。

訓以郭行餘鎭邠寧。王璠鎭河東。使多募壯士爲部曲。以羅立言知京兆府事。韓約爲金吾衛大將軍。與御史中丞李孝本謀誅宦官。宰相惟舒元輿預謀。王涯賈餗不知也。是年十一月壬戌。上御紫宸殿。百官班定。約奏在金吾廳事後石榴有甘露。宰相帥百官稱賀。訓勸帝往觀。帝命宰相視之。訓還奏非眞。帝顧仇士良令帥諸宦者往觀。宦者旣去。訓召行餘，璠受勅。璠股栗不敢前。獨行餘拜殿下。時二人部曲數百皆執兵立丹鳳門外。訓召之入。士良等至左仗。約變色流汗。士良怪之。俄風吹幕起。執兵者甚衆。士良等驚走。詣上告變。訓呼金吾衛士上殿衛乘輿。宦者即舉軟輿迎上。決殿後罘罳，疾趨北出。羅立言帥京兆邏卒。李孝本帥御史臺從人登殿縱擊宦者。死傷者十餘人。訓知事不濟。走馬而出。王涯，賈餗，舒元輿，還中書。士良等命神策兵出戰。殺吏卒二千餘人。執王涯，賈餗，舒元輿，王璠，郭行餘，羅立言，李孝本，韓約等。誣以謀叛。皆斬之。訓奔鳳翔。途中爲人所殺。鄭注率親兵五百來應援。中途聞訓敗。走還鳳翔。監軍張仲淸伏兵殺之。皆夷其族。世謂之甘露之變。士良知上預謀。怨憤出不遜語。上慚懼。不復言。數日之間。殺生除拜。皆決於中尉。上不豫知。自是以後宦官氣燄益盛。迫脅君主。陵暴朝士。國事皆決於中尉。宰相奉行文書而已。

第五節　鄭覃陳夷行楊嗣復李珏傾軋時代

甘露之變以後。鄭覃李石李固言陳夷行相繼入閣。石忠方正亮。忘身殉國。故紀綱粗立。仇士良嫉石。潛遣盜刺之。石不得已。上表遜位。固言與楊嗣復李珏善。引二人入閣。以排覃夷行。每議政之際。是非蜂起。上不能決。（太和九年十一月覃石入相開成元年四月固言入相二年四月夷行入相二年十月固言罷三年正月嗣復珏入相石罷）自李訓敗後。凡所指爲二李之黨者。皆稍稍復其官。遷李德裕爲滁州（今安徽淮泗道滁縣）刺史。俄復太子賓客分司東都。復授浙西觀察使。學士黎埴頓首言「德裕與宗閔同被逐。德裕獨三進官。宗閔至今尙在海濱。不足以示大公。」上曰「宗閔嘗薦鄭注。而德裕欲殺之。今當以官與何人耶。」埴懼。不敢復言。遷李宗閔爲衡州（今湖南衡陽道衡陽縣）司馬。嗣復爲僕射於陵之子。其父曾因李吉甫左遷。又與牛僧孺李宗閔皆爲權德輿貢舉門生。情義相得。僧孺宗閔輔政時代。屢援進嗣復與珏。至是嗣復欲援進宗閔。恐爲覃所阻。乃先令宦官諷上。上以語宰相。覃夷行皆以爲宗閔纖人。嚮以朋黨亂政。不當再用。嗣復與珏力爭。乃遷宗閔爲杭州刺史。次年。擢德裕爲淮南節度使。代牛僧孺。

覃篤於經術。性清儉。上甚重之。夷行亦耿介。嗣復等深疾之。會上與宰相論政事。夷行言。

『不宜使威權在下』。珏曰。『夷行意疑宰相中有弄陛下威權者。臣屢求退。苟得王傅。臣之幸也』。覃曰。『陛下開成元年二年政事殊美。三年四年。漸不如前』。嗣復曰。『元年二年覃夷行用事。三年四年臣與珏同之。罪皆在臣』。因叩頭曰。『臣不敢更入中書』。因趨出。上召還勞之。嗣復曰『覃言政事一年不如一年。非獨臣應得罪。亦上累聖德』。退三表辭位。上爲所動。乃於開成四年五月。罷覃與夷行。而專用嗣復與珏。

第六節 李衛公當國時代

一，衛公之援救敵黨。 鄭覃陳夷行既罷相。楊嗣復欲引進李宗閔。是時文宗病已篤。未及進用。五年正月。帝崩。仇士良援立武宗。武宗之立。非宰相意。嗣復與珏相繼罷相。徵李德裕爲門下侍郎，同平章事。陳夷行李紳相繼入閣。是爲李黨全盛時代。（五年五月嗣復罷八月珏罷九月德裕入相會昌元年三月夷行入相二年二月紳入相）德裕入謝。言於上曰。『致理之要。在於辨羣臣之邪正。正人指邪人爲邪。邪人亦指正人爲邪。人主辨之甚難。臣以爲正人如松柏。特立不倚。邪人如藤蘿。非附他物不能自起。故正人一心事君。而邪人競爲朋黨。先帝深知朋黨之患。然所用卒皆朋黨之人。良由執心不定。故姦邪得乘間而入也。陛下誠能愼擇賢才以爲宰相。有姦罔者立黜去之。常令政事皆出中書。推心委任。堅定不移。則天下何憂不理哉。』上嘉納之。

知樞密劉弘逸，薛季稜有寵於文宗。仇士良惡之。上之立非二人及宰相意。故楊嗣復李珏既罷。士良屢譖弘逸等。勸上除之。會昌元年三月。賜弘逸季稜死。遣中使就誅嗣復珏。李德裕陳夷行率宰相三上表。請開延英賜對。涕泣極諫。上乃免二人死。皆貶遠州刺史。

（二）制馭宦官。　初仇士良得罪於文宗。故援立帝。負定策之功。謂上必以政事委之。及上卽位。專任德裕。事無大小。悉出中書。士良以是惡德裕。會昌二年。上受尊號。將御樓宣赦。士良揚言於衆曰。「宰相與度支議減禁軍衣糧芻粟。」以爲如此。則軍士必於樓前諠譁。可以歸罪宰執。德裕聞之。自訴於上。上怒。遽遣中使宣諭兩軍。初無此事。且赦出朕意。非由宰相。士良乃惶愧稱謝。　三年四月。德裕以執政日久。嫌怨所歸。累上疏乞閒局。上曰。「卿每辭位。輒使我旬月不得所。今大事尚皆未就。卿豈可求去耶。」德裕乃不敢言。　是時劉稹作亂。上欲增置宰相一人。使與德裕分勞。俾德裕專任大事。是年五月。夜召翰林學士韋悰。以崔鉉名授之。令草制。翌日拜相。宰相樞密皆不之知。時樞密使劉行深，楊欽義皆愿慤。不敢與事。老宦者皆尤之曰。『楊劉怯懦。墮敗舊風。使我輩不得與聞朝政。』　上外尊寵士良。

內實忌之。士良鬱鬱不得志。是年六月。遂以老病乞休。藉覘上意。上知其詐。遽允之。其黨送之歸第。士良戒之曰。『天子不可令閒。宜常以奢靡娛其耳目。使日新月盛。無暇更及他事。然後吾輩可以得志。愼勿使之讀書親近儒生。彼見前代興亡。心知憂懼。則吾輩疏斥矣。』其黨拜謝而去。

三，收復幽燕　先是敬宗寶曆二年。幽州軍亂。都將李載義誅朱克融父子。上書請命。詔以載義爲盧龍節度使。載義本唐宗室。輸忠於國。文宗太和元年。權知橫海軍務李同捷（節度使李全略之子）作亂。載義發兵助官軍討平之。魏博叛將史憲誠與同捷爲姻家。屢遣使誘載義。載義不聽。文宗甚寵任之。太和五年正月。盧龍將楊志誠作亂。逐載義。帝急召宰臣問計。是時牛僧孺當國。對曰。「此不足煩聖慮。范陽得失。與國家何關。自安史以來。久非王土。劉總以九州之地歸國。朝廷費錢八十萬緡。而無絲毫所獲。今日志誠得之。猶前日載義得之也。因而撫之。使捍北狄。不必計其逆順。」上從之。以載義恭順有功。拜太保。以志誠爲留後。志誠既得志。跋扈滋甚。牛僧孺，李宗閔當國。一以姑息處之。文宗太和八年。幽州軍亂。逐志誠。推史元忠主留務、元忠獻志誠所造袞衣僭物。是時僧孺宗閔罷相。李德裕當國。因誅志誠以警其餘。德裕旋去職。宗閔復入相。一意姑息。乃以元忠爲盧龍節度使。武宗會昌元年。盧龍軍復亂。殺元忠。推牙將陳行泰主留務。表求節鉞。上召宰相謀之。德裕曰「河朔事勢。臣所熟諳。比來朝廷遣使太速。故軍情遂固。若置之數月不問。必自生變。今請勿遣使以觀之」既而軍中果殺行泰。立張絳。復求節鉞。朝廷亦不問。雄武軍使張仲武起兵擊絳。且遣軍吏吳仲舒奉表以聞。詔宰相問狀。仲舒言行泰絳皆遊客。故人心不附。仲武幽州舊將。性忠義。通書習事。人心向之。計今軍中已逐絳矣。德裕問。『雄武士卒幾何』對曰『軍士土團合千餘人」。德裕曰。『兵少何以立功』。對曰。「在得人心。不在兵多」。又問。「萬一不克。如何」。對曰「幽州糧食皆在嬀州（今口北道懷來縣）及北邊七鎮。萬一未能入。則據居庸關。絕其糧道。幽州自困矣」。德裕奏。「行泰絳皆使大將上表。脅朝廷。邀節鉞。故不可與。今仲武表請討亂。與之有名」。乃以仲武知盧龍留後。仲武尋克幽州。遂除節度使。其後仲武克效臣節。屢樹邊功。爲河北諸鎮冠。

四，平定回鶻。　是時回鶻已衰。黠戛斯擊其兵。大破之。殺其可汗𠷈馺。回鶻南竄。侵畧天德（今綏遠區歸綏縣）振武。（今綏遠區五原縣）河東震動。德裕選將練兵以備回鶻。遣使招黠徠戛斯。處置得宜。於是黠戛斯上書修藩臣禮。回鶻爲黠戛斯所逼。餘衆陸續破滅。降唐者甚衆。是時吐蕃已衰。僅能自保。不復東侵。於是唐室威行塞外。會昌三年。德裕追論維州之事。贈悉怛謀右衞將軍。

五，平定昭義。是年四月，昭義節度使（領澤潞磁邢洺五州治潞州今山西冀寧道長治縣即故潞安府治）劉從諫卒。從諫者，故昭義節度使劉悟之子。悟舊爲平盧都知兵馬使。以誅叛將李師道功。擢節度使。穆宗長慶二年。昭義監軍劉承偕恃恩陵轢悟。陰與磁州刺史張汶謀執悟以汶代之。謀洩。悟殺汶。囚承偕。上詔悟送承偕詣京師。悟遷延不奉詔。上問宰相裴度宜如何處置。度請下詔書令悟斬承偕。上游移不忍。乃流承偕於遠州。加悟檢校司徒。自是悟浸驕。欲效河北三鎭。招聚不逞。章表多不遜。敬宗寶曆元年。悟卒。從諫匿其喪。謀以悟遺表。求爲留後。司馬賈直言切責之。乃發喪。朝廷得悟遺表。令群臣集議。左僕射李絳上疏。請「乘其人情未一。速除近澤潞一將。充昭義節度使。令兼程赴鎭。續除從諫一刺史。從諫既粗有所得。必且擇利而行。萬無違拒」。時宰相李逢吉當國。與知樞密王守澄謀。不用絳議。授從諫爲留後。次年。除節度使。從諫以忠義自任。文宗太和六年十二月。入朝。欲請他鎭。時牛僧孺李宗閔當國。朝廷事柄不一。又士大夫多請托。從諫心輕朝廷。七年正月。加從諫同平章事。遣歸鎮。於是從諫益驕。是年七月。宣武闕帥時李德裕爲宰相。請徙從諫鎮之。因拔出上黨。不使與山東連結。上以爲未可。乃止。甘露之變。從諫上表。請王涯等罪名。仇士良懼。加從諫檢校司徒。從諫復表讓官。因暴揚士良等罪惡。士良憚之。稍自戢。由是宰相鄭覃李石粗能柄政。天子倚之。亦差以自强。士良亦言從諫窺伺朝廷。由是從諫與朝廷積相猜恨。遂招納亡命。繕完兵城。謀效河北諸鎮。至是從諫卒。猶子稹自爲留後。要求節鉞。群臣以回鶻餘燼未滅。復討澤潞。國力不支。欲許之。李德裕曰。「澤潞事體。與河朔三鎮不同。河朔習亂已久。累朝置之度外。澤潞近處心腹。若又因而授之。則威令不復行於諸鎮矣。」上曰。「卿以何術制之。」對曰。「稹所恃者三鎮。但得鎮魏不與之同。則稹無能爲也。若遣重臣往諭王元逵。（成德節度使）何弘敬。（魏博節度使）以河朔自艱難以來。列聖許其傳襲。已成故事。與澤潞不同。今將加兵澤潞。不欲更出禁軍。其山東三州。委兩鎮攻之。賊平之日。將士並當厚加官賞。苟兩鎮聽命。不從傍沮撓官軍。則稹必成擒矣。」上悅。從之。命德裕草詔賜元逵弘敬曰。「澤潞一鎮。與卿事體不同。勿爲子孫之謀。欲存輔車之勢。但能顯立功效。自然福及後昆。」元逵弘敬得詔書。悚息聽命。遂與官軍連兵進討。（先是河北諸鎮有自立者朝廷必先有弔祭使册贈使宣慰使繼往商度然後用兵故常及半歲軍中得以爲備至是宰相亦欲遣使上即下詔討之）

會昌四年正月。河東都將楊弁作亂。逐節度使李石。據軍府。與劉稹連合抗官軍。朝議喧然欲罷兵。德裕不可。詔遣中使馬元實至太原曉諭。且覘之。元實受賊賂。還言其强盛難取。德裕奏「微賊決不可恕。如國力不支。寧捨劉稹。」乃詔河東兵馬使王逢以易定汴兗兵還討賊。河東兵戍榆社（縣名舊屬山西遼州今屬冀寧道）者。聞朝廷令客軍取太原。恐妻孥被屠。乃擁監軍自取太原。擒楊弁并其黨。送京師。斬之。河東平。

諸將合兵攻昭義。屢破劉稹兵。是年八月。邢洺磁三州守將相繼降於官軍。潞人大懼。稹將郭誼王協殺稹以降。澤潞平。上問宰相何以處誼。德裕對曰「劉稹騃孺子耳。阻兵拒命。皆誼爲之謀主。及勢孤力屈。又賣稹以求賞。此而不誅。何以懲惡。」上從之。并誅誼協。加德裕太尉。賜爵衞國公。以酬其功。德裕追論牛僧孺李宗閔當國時養癰成疽之罪。貶僧孺循州（今廣東潮循道惠陽縣）長史。流宗閔於封州。（今廣東粵海道封川縣）

初，德裕以比年將帥出征屢敗。其弊有三。一，詔令下軍前者。日有三四。宰相多不預聞。二，監軍各以意見指揮軍事。將帥不得專進退。'每軍各有宦者爲監使。悉選軍中驍勇數百爲牙隊。其在戰陣鬬者皆怯弱之士。每戰視事勢小却。輒引旂先走。陣從而潰。德裕乃與樞密使楊欽義劉行深議。約敕監軍不得預軍政。每兵千人聽取十人自衞。有功隨例霑賞。二樞密皆以爲然。白上行之。自非中書進詔意更無他詔自中出者。號令既簡。將帥得以施其謀畧。故所向有功。元和後數用兵。宰相或不休沐。或繼火乃得罷。德裕從容裁決。率午漏下還第。沛然若無事時。　河北三鎭每遣使者至京師。德裕常面諭之曰。「河朔兵力雖强。不能自立。須藉朝廷官爵威命以安軍情。語汝使。與其使大將邀敕使以求官爵。何如自奮忠義。立功立事。結知明主。且李載義（前盧龍節度使）爲國家平滄景。及爲軍中所逐。不失作節度使。楊志誠遣大將遮敕使馬求官。（太和七年事）及爲軍中所逐。朝廷竟不赦其罪。（太和八年德裕當國時代事）此二人禍福足以觀矣。由是三鎭不敢有異志。

第七節　兩黨黨魁之末路

是時李逢吉（文宗太和九年卒）裴度（文宗開成四年卒）鄭覃（武宗會昌二年卒）已卒。陳夷行（會昌三年卒）李紳（同四年罷相六年卒）亦以病罷相。相繼物故。李德裕以首輔當國日久。好徇愛憎。人多怨之。左右言其太專。上亦不悅。 六年三月。武宗崩。宦官奉憲宗幼子光王忱即位。是爲宣宗。宣宗性聰察。忌德裕功高望重。是年四月。罷爲荆南節度使。以白敏中同平章事。敏中者，元和長慶間名臣白居易之從弟。武宗即位之初。欲以居易爲相。德裕素不滿意於居易。乃言『居易衰病。不任朝謁。其從弟敏中。辭學不減居易且有器識。』乃以敏中爲翰林學士。荐擢宰相。至是乘上下之怒。與其黨翰林學士令狐綯等。竭力排德裕。是年九月。左遷爲東都留守。旋降爲太子少保。分司東都。 復使其黨前永甯尉吳汝納訟德裕罪。次年。（宣宗大中元年）貶德裕潮州司馬。旋貶厓州（今廣東瓊崖道崖縣）司戶。追奪李紳三官。大中三年十二月。德裕卒于厓州。年六十三。

李德裕罷相以後。朝廷徙牛僧孺爲衡州長史。李宗閔爲郴州（今湖南衡陽道郴縣）司馬。宗閔未離封州而卒。僧孺旋遷太子少師。未幾。亦卒。大中二年。徵楊嗣復爲吏部尚書。李珏爲戶部尚書。嗣復自潮州北還。至岳州（今湖南武陵道岳陽縣）卒。七年。珏遷淮南節度使。亦卒。於是牛李黨魁俱亡。中央政局始稍平穩矣。

亡。中央政局始得平靜矣。

[illegible]

第五章　北宋中葉以後新舊黨之競爭

第一節　北宋黨禍成立之原因

政黨之爲物，產於政治進化以後。國之有政黨，非其可弔者，而其可慶者也。雖然，有界說焉。一曰政黨惟能生存於立憲政體之下，而與專制政體不相容。二曰爲政黨者，既宜具結黨之實，而尤不宜諱結黨之名。三曰其所辨爭者，當專在政治問題，而宮廷問題及個人私德問題，皆不容雜入其間。若宋之所謂黨，舉未足以語於是也。吾故不能名以政黨，仍其舊名曰朋黨而已。宋室朋黨之禍，雖極於元祐紹聖以後，而實濫觴於仁宗英宗二朝。其開之者，則仁宗時范呂之爭。其張之者，則英宗時之濮議。及神宗時王安石創行新法，舊黨肆行攻擊。附和安石者，復逢迎新黨，反對舊黨。兩相排擠，而其禍成矣。中國前此之黨禍，若漢之鉤黨，唐之牛李黨，後此之黨禍，若明之東林黨，復社黨，皆可謂之以小人陷君子。惟宋之黨禍不然，其性質複雜而極不分明，無智愚賢不肖，悉自投於蜩螗沸羹之中，一言以蔽之曰士大夫以意氣相競而已。推原宋代朋黨之禍，所以特盛之原因有二。一由於右文而賤武。二由中央集權太過其度。太祖之政策，既務摧抑其臣，使不得以武功自見。懷才抱能之士。

勢不得不盡趨於從政之一途。而兵權財權悉集中央。牧民之司。方面之寄。以爲左遷貶謫。或耆臣優養之地。非如漢之郡守國相得行其志。以有所樹立。且嚴其考成黜陟。使人知所濯磨也。是故秀異之士。欲立功名者。群走集於京師。而彼時之京師。又非如今世立憲國之有國會容多士以馳騁之餘地也。所得與於國政者。僅有二三宰執。其次則少數之舘職臺諫。爲宰執升進之階者也。夫以一國之大。人才之衆。而惟此極少極狹之位置。可以爲樹立功名之憑藉。則其相率而爭之。亦固其所。故有宋一代之歷史，謂之爭奪政權之歷史可也。不肖者固爭焉以營其私。即賢者亦爭焉以行其志。爭之既急。意氣自出乎其間。彼此相詆。而以朋黨之名加人。於是新舊黨傾軋之禍。遂與北宋相終始矣。

第二節　郭后之廢與范呂之爭

宋仁宗之初即位也。立郭氏爲皇后。時張美人有寵。帝欲立之。嫡母莊獻明肅太后劉氏臨朝。持不可。乃止。故后雖立而頗見疏。明道二年（仁宗十一年）三月。太后崩。帝始親政。與首相呂夷簡謀。以樞密使張耆，參知政事夏竦等。皆附太后。欲悉罷之。夷簡以爲然。帝退以語皇后。后曰。「夷簡獨不附太后耶。但多機巧。善應變耳。」由是夷簡亦罷。夷簡由此深憾后。時尙美人楊美人俱有寵。數與后忿爭。一日尙氏於帝前有侵后語。后不勝忿。批其頰。帝自起救之。誤批帝頸。內侍閻文應素與夷簡善。因與帝謀廢后。且勸帝以爪痕示執政。時夷簡復入中書。欲乘隙報宿憾。遂主廢黜之議。帝猶疑之。夷簡曰。『光武漢之明主也。郭氏止以怨懟坐廢。況傷陛下頸乎。』帝意遂決。夷簡先勑有司毋得受臺諫章奏。是年十一月。下詔稱皇后願入道。封淨妃玉京沖妙仙師。居長寧宮。御史中丞孔道輔，右司諫范仲淹等十人。詣垂拱殿伏奏『皇后天下之母。不當輕廢。願賜對盡所言。』殿門闔不爲通。道輔扣鐶大呼曰。『皇后被廢。奈何不聽臺臣言。』有詔令夷簡諭以皇后當廢狀。道輔等至中書。切責夷簡。夷簡不能答。即奏言伏閤請對。非太平美事。遂黜道輔知泰州。（今江蘇淮揚道泰縣）仲淹知睦州。（今浙江金華道建德縣即故嚴州府）餘罰金有差。明日道輔等趨朝。欲留百官揖宰相廷爭。至待漏院。聞詔乃退。簽書河陽判官富弼上言。『朝廷一舉而兩失。縱不能復后。宜還仲淹等。』不聽。次年（景祐元年）八月。出后居瑤華宮。立曹氏爲皇后。

后居瑤華久。帝頗念之。遣使存問。賜以樂府。后和答之。辭甚悽惋。帝內愧。嘗密遣人召之。后辭曰。『若再見召。須百官立班受册方可。』文應以嘗譖后。懼其復立。景祐二年十一月。屬后小疾。帝遣文應挾醫診視。數日后暴崩。中外疑文應進毒而不得其實。帝深悼之。追復后號。以禮斂葬。時范仲淹已召還知開封府。劾奏文應之罪。竄之嶺南。死於道。

仲淹以呂夷簡當國。進用多出其門。乃上百官圖。指其次第曰「如此爲序遷。如此爲不次。如此則公。如此則私。況進退近臣。凡超格者。不宜全委之宰相。」夷簡不悅。他日論建都之事。仲淹進曰。「洛陽險固。而汴爲四戰之地。太平宜居汴。即有事必居洛陽。當漸廣儲蓄。繕宮室。」帝以問夷簡。夷簡謂「仲淹迂闊。務名無實。」仲淹聞之。乃爲四論以獻。大抵譏切時弊。夷簡訴仲淹越職言事。景祐三年五月。黜知饒州。（今江西鄱陽道鄱陽縣）集賢校理余靖，館閣校勘尹洙，上書爭之。俱坐貶。館閣校勘歐陽修，貽書司諫高若訥。責其不諫。若訥上其書。修亦坐貶。館閣校勘蔡襄，作四賢一不肖詩。以譽仲淹靖洙修而譏若訥。都人傳誦。鬻書者市之。得厚利。御史韓縝希夷簡旨。請以仲淹朋黨榜示朝堂。戒百官越職言事。從之。　四年十二月。地震。直史館葉清臣因上書爲仲淹等申理。仲淹等皆得近徙。讒者恐仲淹復用。遽誣以事。帝怒。亟命置之嶺南。中外論薦仲淹者衆。帝不悅。次年（寶元元年）十月。詔戒百官朋黨。

已而西夏趙元昊反。侵畧陝西州郡。邊事日急。越二年。（康定元年）知諫院富弼上書。請除越職言事之禁。詔從之。知制誥韓琦奉詔安撫陝西。請起范仲淹爲大將。詔以仲淹知永興軍。（今陝西關中道長安縣）旋以夏竦爲陝西經畧安撫詔討使。琦與仲淹副之。經畧陝西。

第三節　慶曆黨議

越四年。（慶曆三年）呂夷簡以病請老。詔增置諫官。以歐陽修，王素，蔡襄，知諫院。余靖爲右正言。修等論事切直。小人不便。時元昊已請和。乃召夏竦爲樞密使。修等交章「論竦在陝西畏懦。不肯盡力。兼之挾詐任術。奸邪傾險。」中丞王拱辰亦言「竦經畧西師無功而歸。今置之二府。何以厲世。」乃罷竦而以杜衍爲樞密使。

是年四月召韓琦范仲淹還朝。拜樞密副使。旋以范仲淹參知政事。富弼爲樞密副使。羣賢滿朝。國子監直講石介喜曰。「此盛事也。」乃作慶曆聖德詩曰。「衆賢之進。如茅斯拔。大姦之去。如距斯脫。」大姦蓋指竦也。介師國子監直講孫復曰。「介禍始於此矣。」仲淹聞之。亦謂韓琦曰。「爲此鬼怪輩壞事也。」

仲淹既就職。上書陳十事。弼亦上當世之務十餘條。大約以進賢退不肖。止僥倖。去宿弊。欲漸易監司之不才者。使澄汰所部吏。於是小人始不悅。帝方銳意求治。數召輔臣條對。

仲淹才兼文武。有大節。嘗曰。「士當先天下之憂而憂。後天下之樂而樂。」於是與弼日夜謀慮。欲革弊政。選臺省名臣爲諸路轉運使。罷黜監司之不才者。更定磨勘法（參觀通鑑輯覽卷七十五慶曆三年十月更定磨勘條下）乃蔭子法。（參觀同年十一月更定蔭子法條下）詔天下州縣立學。行科舉新法。（參觀同書同卷慶曆四年三月詔天下州縣立學行科舉新法條下）於是僥倖者多不便。騰謗於朝。而朋黨之論滋不可解。先是石介奏記於弼。責以行伊周之事。夏竦怨介斥己。又欲因以傾弼等。乃使女奴陰習介書。改伊周曰伊霍。且僞作介爲弼撰廢立詔草。飛語上聞。帝雖不信。而弼與仲淹皆恐懼不自安。適聞契丹伐夏。遂請行邊。次年（慶曆四年）六月。出仲淹爲陝西河東宣撫使。八月。出弼爲河北宣撫使。介不自安。亦請外出。爲濮州通判。是年九月。以杜衍同平章事。衍務裁僥倖。每有內降。率寢格不行。積詔旨至十數。輒納帝前。帝嘗語歐陽修曰。「外人知杜衍封還內降耶。凡有求於朕。每以不可告而止者。多於所封還也。」

仲淹弼既出宣撫。攻之者愈衆。衍獨左右之。於是羣小皆嫉衍。會衍婿監進奏院蘇舜欽用鬻故紙錢祠神。且以妓樂娛賓。集賢校理王益柔於席上戲作傲歌。御史中丞王拱辰聞之。以二人皆仲淹所薦。欲因以傾衍及仲淹。乃諷御史魚周詢等舉劾其事。請誅益柔。樞密使賈昌朝陰主其議。韓琦勸帝不宜深究。帝感悟。乃從輕典。黜益柔。除舜欽名。同席被斥者十餘人。皆知名之士。同平章事章得象，參知政事陳執中復譖衍等。五年正月。罷衍知兗州。仲淹知邠州。弼知鄆州。韓琦上書請留衍等。不報。琦乃請外。是年三月。罷琦知揚州。河東轉運使歐陽修上書稱衍等賢。不宜罷黜。左遷修知滁州。於是仲淹所定磨勘蔭子及科舉新法俱罷。

是年十一月。滁州狂人孔直溫謀反伏誅。搜其家。得石介書。并所遺孫復詩。時介已卒。宣徽南院使夏竦怨介。欲乘隙報之。因言「介詐死。乃京東安撫使富弼遣介結契丹起兵。期以一路兵爲內應。請發介棺驗之。」詔下兗州訪介存亡。杜衍以闔族保介必死。提刑呂居簡亦言無故發棺。何以示後。乃免發介棺。罷弼安撫使。貶孫復監虔州酒稅。羈管介子孫於他州。

第四節　濮議

仁宗無子。養太宗曾孫宗實爲皇子。賜名曙。嘉祐八年。帝崩。曙即位。是爲英宗。尊皇后曹氏爲皇太后。羣臣並進爵秩。宗室故諸王亦加封贈。是時帝本生父濮安懿王允讓已卒。宰相韓琦曾公亮等。以爲不可與諸王同列。請下有司議崇奉典禮。有旨宜俟服除。其議遂格。

治平二年四月。上既釋服。乃下其奏。詔禮官與待制以上詳議。知諫院司馬光立議曰。「爲人後者爲之子。不得顧私親。若恭敬之心分於彼。則不得專於此。秦漢以來。帝王有自旁支入承大統者。或推尊其父母以爲帝后。皆見非當時。取譏後世。臣等不敢引以爲聖朝法。竊以爲濮王宜準先朝封贈期親尊屬故事。尊以高官大國。」中書奏。「贈官及改封大國。當降制行册命而制册有式。濮王當稱何親。名與不名。」翰林學士王珪等又議曰。「濮王於仁宗爲兄。宜稱皇伯而不名。」參知政事歐陽修駁之曰。「喪服大記云。爲人後者爲其父母降服而不沒父母之名。以見服可降而名不可沒也。若本生之親改稱皇伯。歷考前世。皆無典據。進封大國。則又禮無加爵之道。請下尚書集三省御史臺詳議。」禮官范鎮等堅請必行皇伯之議。其奏留中。侍御史呂誨，范純仁監察御史呂大防等固執珪議。章七上而不報。遂劾韓琦專權導諛。又劾歐陽修首開邪議。而韓琦曾公亮等附會不正。乞皆貶黜。不報。

三年正月。太后手詔命帝稱濮王爲親。立園廟。呂誨等以所論奏不見聽。遂辭臺職。且言琦結交中官。惑亂皇太后。又指修爲首議之人。乞行誅戮以謝祖宗。帝屢加慰留。誨等不聽。且言與輔臣勢難兩立。帝不得已。命各以原官出補外職，誨知蘄州。純仁通判安州。大防知休寧縣。時趙鼎趙瞻傅堯俞使遼還。以嘗與誨言濮王事。即上疏乞同貶。乃出鼎通判淄州。瞻通判汾州。帝眷注堯俞。除侍御史。堯俞不可。乃出知和州。知制誥韓維及司馬光皆上疏乞留誨等。不報。遂請與俱貶。不許。侍讀呂公著亦上書。謂不宜屢黜言者。帝不聽。公著乞補外。出知蔡州。

第五節　神宗變法之動機

一，人才之消極　晚唐初宋之交。其吾國強弱之所分。而人才升降之會乎。唐之治近於古。宋之治近於今。唐之國勢屢挫而終強。宋之國勢愈趨而愈弱。治功之張弛。實相臣之賢否爲之。唐之治也。其君子皆自奮於功名。宋之治也。其君子多歸潔於獨善。其故何哉。太宗以超世之神略。刈羣雄而一海宇。合天下之才傑。舉不足以尙之。故其用人也常慮其不及。而不防其太過。任賢舉能。垂爲家法。終唐室三百年。賢相名卿。項背相望。作人之效有自來矣。宋藝祖之取天下也。僥倖於寡婦孤兒之手。常慮人之效尤而起。故其用人也不必有奇傑出衆之才。但取其束身寡過而已。而又多立之制以防閑之。創業之始既如此矣。三百年間。釀成風俗。道德之儒多而功名之士少。守經之人衆而應變之才寡。於是迂儒曲士文人墨客。相率執宮廷細故。朝廷末節。搖唇鼓舌。拖筆弄墨。斷斷以爭。盈廷不得志之徒。相與附和之。以爲天下之事。莫大於此。區區濮議一案。遂致歷時經年。全國聳動。韓忠獻歐陽文忠公之徒。皆以一代名賢。被指爲大奸巨慝。臺諫相率請斬韓琦歐陽修以謝先帝。而當時主張稱皇伯最力之司馬光范鎮，攻擊韓歐陽最力之呂誨呂大防范純仁，附和之傅堯俞韓維，呂公著等。皆後來反對新法最力。當代目爲大賢者也。全國士大夫精神。皆集中於此等無聊舉動。而於國家根本大計劃。則除去范文正公以外。朝野上下。無貴無賤。皆不注意。古所謂坐井觀天。管中窺豹者。宋儒之眼光不過如此也。

二，兵之惰弱　宋室全盛時代。實在太祖太宗眞宗仁宗英宗之時。顧衰亡之機。已伏於當日。宋當建國之始。遂已稍瀕於弱。而夏尙未底於强。使宋之兵力稍足以自振。其於折箠以鞭笞之也宜。若非難。顧乃養癰數十年。而卒以自斃者。則太祖獨有之心法。務弱其兵，弱其將，以弱其民，使之然也。募兵之惡法。雖濫觴於唐。而實確定於宋。宋制，總天下之兵集諸京師。而其籍兵也以募。蓋收國中獷悍失職之民而畜之。每乘凶歲。則募饑民以增其額。史家頌之曰。『此擾役强悍銷弭爭亂之深意也。』質而言之。實欲使天子宿衞以外。舉國中無一强有力之人。所謂弱其民者此也。其邊防要郡須兵防守。皆遣自京師。諸鎮之兵。亦皆戍更。將帥之臣入奉朝請。兵無常帥。帥無長師。史家美之曰「上下相維。內外相制。等級相軋。雖有暴戾恣睢。無所措於其間。」質而言之。則務使將與卒不相習。以防晚唐五代方鎮自有其兵之患。所謂弱其將者此也。夫弱其民弱其將。太祖之本意也。弱其兵則非必太祖之本意也。然以斯道行之。則其兵勢固不得以不弱。夫聚數十萬獷悍無賴之民。廩之於太官。終日佚遊。而累歲不親金革。則其必日卽於媮惰。而一無可用。事理之至易覩者也。況乎宋之爲制。又沿朱梁盜賊之陋習。黥其兵使不得齒於齊民。致鄉黨自好之人。咸以執兵爲恥。夫上既以不肖待之矣。而欲其致命遂志。以戮力於君國。庸可得耶。所謂弱其兵者此也。夫既盡舉國之所謂强者。而以萃諸兵矣。而兵之至弱而不足恃也固若是。其將之弱又加甚焉。以此而驅諸疆場。雖五尺之童。猶知其無幸。而烽火一警。欲齊民之執干戈以衞社稷。更無望矣。積弱一致此極。而以攝乎二憾之間。其不能不靦顏屈膝以求人之容我爲君。亦固其所。

三，財之虛糜　國之大政曰兵與財。宋之兵既若此矣。其財政則又何如。宋室以聚兵京師之故。舉天下山澤之利。悉入天庾以供廩賜。而外州無留財。開國之初。養兵僅二十萬。其他冗費亦不甚多。故府庫恒有羨餘。及太祖開寶之末。兵籍凡三十七萬八千。太宗至道間。增至六十六萬六千。眞宗天禧間。增至九十一萬二千。仁宗慶歷間。增至一百二十二萬九千。英宗治平間及神宗熙寧之初。數畧稱是。兵旣日增。而竭民脂膏以優廩之。歲歲戍更就糧。供億無藝。宗室吏員之受祿者。亦歲以增進。　先是太祖初年。解功臣兵柄。類皆縻以高爵。優以厚祿。使之多積金錢。厚自娛樂。以消磨其跋扈驍雄之氣。其結果也。不可不增官吏之俸祿。使之安其職。故有宋一代祿制之厚。爲前後朝所無。又設奉祠俸祿。以給致仕者。大約罷職者皆給之。又有蔭子之制。文武之臣。準其職位之高卑。蔭子孫親族及異姓之親門客等。功臣之死也。有得官至數十人者。對於降王之子弟親族。亦以此等手段籠絡之。太祖受周禪後。封周恭帝爲鄭王。子孫世襲。終有宋之世罔替。滅後蜀後。封後蜀後主孟昶爲秦國公。滅南漢後。封南漢後主劉鋹爲恩赦侯。滅南唐後。封南唐後主李煜爲違命侯。其子弟近臣。多賜收錄。太宗踵其轍而益加厚。吳越王錢弘俶之來歸也。詔封淮海國王。官其子侄宗族親臣數百人。其糜費帑藏可知矣。又每三歲一郊祀。賞賚之費。常五百餘萬。眞宗景德中。郊祀七百餘萬。東封八百餘萬。祀汾上寶册百又二十萬。饗明堂。且增至一千二百萬。又納遼之歲幣。景德初每年銀絹三十萬。慶歷初增至五十萬。賜夏之歲幣。每年銀綺絹茶數亦不少。開寶以前其歲出入之籍。不可詳考。然至道末歲入二千二百二十四萬五千八百。猶有羨餘。不二十年。至天禧間。則總歲入一萬五千八十五萬一百。總歲出一萬二千六百七十七萬五千二百。及治平二年。則總歲入一萬一千六百十三萬八千四百。總歲出一萬二千三十四萬三千一百。而臨時費（史稱爲非常出）一千一百五十二萬一千二百。夫宋之民非能富於其舊也。而二十年間所輸賦增益十倍。將何以聊其生。況乎嘉祐治平以來。歲出超過之額恒二千餘萬。其將何以善其後也。

第六節　新黨內閣之成立　陳升之王安石內閣　王珪蔡確內閣

當時內外形勢之煎迫。既已若是。而宋之君臣所以應之者何如。眞宗侈汰。斲喪國家之元氣。不必論矣。仁宗號稱賢主。而律以春秋責備賢者之義。則雖謂宋之敝始於仁宗可也。善夫王船山氏之言曰。

「仁宗在位四十一年。解散天下而休息之。休息之是也。解散而休息之。則極乎弛之數。

而承其後者難矣。歲輸五十萬於契丹。而頫首自名。猶曰納以友邦之禮。禮元昊父子。而輸繒幣以乞苟安。仁宗弗念也。宰執大臣侍從臺諫。胥在廷在野。賓賓嘖嘖。以爭辯一典之是非。置西北之狡焉。若天建地設而不可犯。國既以是弱矣。抑幸無耶律德光李繼遷鷙悍之力。而暫可以賂免。非然，則劉六符虛聲恐喝而魄已喪。使急起而捲河朔以嚮汴雒。其不爲石重貴者幾何哉。

平心論之。仁宗固中主而可以爲善者也。使得大有爲之臣以左右之。宋固可以自振。當時宰執。史稱多賢。夷考其實。則凡材充物。而上駟殆絕。其能知治體有改絃更張之志者。惟范仲淹一人。然已以信任不專。被間以去。其餘最著者若韓琦，富弼，文彥博，歐陽修輩。其道德，學問，文章。類足以照耀千古。其立朝也。則於調變宮廷。補拾闕漏。頗有可觀。然不揣其本而齊其末。當此內憂外患煎迫之時。其於起積衰而厝國於久安。蓋未之克任。外此衮衮以及蚩蚩。則酣嬉太平。不復知天地間有所謂憂患。賈生所謂「抱火厝諸積薪之下。而寢其上。火未及然。因謂之安也。」英宗在位四年崩。神宗即位。神宗少有雄心。欲大攘四夷。恢張先烈。以爲養兵奮武。不可不先聚財。而環顧朝臣。皆習故守。莫有能任其事者。素聞王安石之名。以間輔臣。宰相曾公亮力諫之。安石博學。善屬文。有經世大略。歐陽修嘗爲之延譽。擢進士上第。仁宗召爲度支判官。安石議論高奇。能以辨博濟其說。慨然有矯世變俗之志。嘗爲萬言書。痛論時政。至是召爲翰林學士。會歐陽修韓琦相繼去位。熙寧二年二月。以富弼同平章事。安石參知政事。

安石既入政府。帝傾心任之。安石極力改革。實行富國強兵政策。廷臣多與之異議。其中悻悻自好，好立異同之士。自濮議以來。即專與政府爲難者。若御史中丞呂誨。知諫院范純仁等攻擊尤力。往往訐及安石個人私德。甚有謂其『大奸似忠。大詐似信。外示朴野。中藏巧詐。驕蹇慢上。陰賊害物』者。上不得已。乃罷黜其攻擊尤力者數人。以儆其餘。富弼與安石議不協。上書求去。是年十月。出判亳州。以陳升之同平章事。次年熙寧三年四月。以韓絳參知政事。升之絳與曾公亮同柄國攻極力援助安石。安石始得行其志。尋公亮與升之相繼去位。是年十二月。以絳與安石同平章事。王珪參知政事。絳旋罷。於是安石遂獨相。乃變更歷來舊法。制定新法如左。

甲，關於民政及財政之新法。

一，制置三司條例司。（熙寧二年二月）
二，農田水利法。（同年四月）
三，均輸法。（同年七月）
四，靑苗法。（同年九月）
五，募役法。（同三年十二月）
六，市易法。（同五年三月）
七，方田均稅法。（同年八月）
八，手實法。（同七年七月）
乙，關於軍政及警政之新法。
一，汰冗兵。（熙寧元年至元豐年間）
二，改諸路更戍法。（熙寧三年十二月）
三，保甲法。（同年同月）
四，保馬法。（同五年五月）

五，軍器監。（同六年六月）

丙，關於教育及選舉之新法。

一，更定科舉法。（熙寧四年二月）

二，立太學生三舍法。（同年十月）

三，建武學。（熙寧五年）

四，置經義局。（同六年三月）

五，置律學。（同年四月）

六，置醫學。（同年）

以上所舉諸新法。除手實法爲呂惠卿所創。與市易法及保馬法稍有流弊外。其餘皆良法美意。與現今歐美各國文明法制相似。使當時朝野諸君子。體量君相之苦心。極力援助安石。或者北宋可以一時成爲法制國。恢復漢唐全盛時代狀況。則契丹黨項當然臣服。金源之禍當然消滅。豈非中國之盛事。無如當時士大夫蹈常習故。憚於變更。羣起非難安石。安石孤立無助。不得已乃勸帝登庸新進之士。毅然行之。行之不得其人。弊端雜出。天下囂然喪其樂生之心。怨謗紛起。元老之中。若韓琦富弼等。大臣之中。若司馬光呂公著等。侍從之中。若蘇軾程顥等。皆反對新法甚力。多以去就爭之。帝不聽。慈聖太皇太后常流涕語帝。謂安石亂天下。熙寧七年。大旱。詔求直言。中外上章者多攻擊新法。安石乃力求去。薦韓絳代已。呂惠卿佐之。是年四月。罷安石知江寧府。以絳同平章事。惠卿參知政事。二人守安石成規不少失。時號絳爲傳法沙門。惠卿爲護法善神。八年二月。復以安石同平章事。絳與惠卿相繼去位。以元絳參知政事。九年十月。安石以疾去位。以吳充王珪同平章事。其後絳充去位。蔡確章惇張璪等相繼參知政事。終神宗之世。行新法不輟。

第七節　舊黨內閣之成立　新法之廢止　新黨之左遷　司馬光呂公著內閣　呂大防范純仁內閣

神宗任用王安石。創行新法。雖不敢謂爲成功。亦不得謂之失敗。而意外所得之惡果。則朋黨之禍是也。神宗之初行新法也。元老大臣與諫垣多羣起與王安石爲難。神宗不聽。則投劾而去。以自成其名。甚或身爲方面而戒州縣勿得奉行朝令。其人既屬巨室。爲士庶所具瞻。則凡不利於新法者。皆得所依附。以簧鼓天下之耳目。使人民疑所適從。神宗不得已。

乃左遷翰林學士權知開封府鄭獬知杭州。宣徽北院使王拱辰判應天府。知制誥錢公輔知江寧府。（熙寧二年五月）御史中丞呂誨知鄧州。（同年六月）知諫院范純仁知河中府。（同年八月）判尙書省張方平判應天府。（三年正月）知審官院孫覺知廣德軍。（同年三月）御史中丞呂公著知潁州。參知政事趙抃知杭州。（同年四月）樞密使呂公弼知太原府。（同年七月）翰林學士司馬光知永興軍。（同年九月）知開封府韓維知襄州。（四年五月）御史中丞楊繪知鄭州。（同年七月）出同平章事富弼判亳州。（十二月）解判相州韓琦河北安撫使。（三年二月）出樞密使文彥博判河陽府。（六年四月）聽翰林學士范鎮，（三年十月）知蔡州歐陽修，（四年六月）致仕。而進用韓絳，（同平章事）呂惠卿，元絳，（俱參知政事）曾布，（三司使）李定，鄧綰（俱御史中丞）等以代之。安石罷政以後。蔡確章惇張璪等相繼參知政事。元豐五年。改官制。以王珪蔡確爲尙書左右僕射。章惇張璪爲門下中書侍郎。確名爲次相。實專大政。確行事操切。大傷舊黨感情。神宗在位十八年。以元豐八年崩。太子煦即位。是爲哲宗。

哲宗即位時。年甫十歲。尊皇太后高氏爲太皇太后。臨朝同聽政。是年王珪卒。以蔡確韓縝爲尙書左右僕射。章惇知樞密院事。起司馬光爲門下侍郎。呂公著爲尙書左丞。同輔政。於是新舊黨並用。右司諫王覿上疏。彈劾蔡確章惇韓縝張璪等。朋邪害正。右諫議大夫孫覺，侍御史劉摯，左司諫蘇轍，御史王巖叟，朱光庭，上官均，呂陶等相繼論之。次年。（元祐元年）罷確知陳州。惇知汝州。縝知潁昌府。璪知鄭州。放鄧綰李定於滁州。安置呂惠卿於建州。而以司馬光呂公著爲尙書左右僕射。韓維爲門下侍郎。呂大防爲中書侍郎。劉摯爲尙書右丞。范純仁同知樞密院事。起太師致仕文彥博平章軍國重事。班宰相上。以次盡罷新法。是爲第一次舊黨內閣。是年九月。光卒。二年。彥博請老。三年。公著請老。以大防純仁爲尙書左右僕射。孫固劉摯爲門下中書侍郎。王存胡宗愈爲尙書左右丞。是爲第二次舊黨內閣。是時新黨閣臣皆已斥外。言者猶論之不已。范純仁言於太后曰。『錄人之過。不宜太深。』太后深然之。乃詔『前朝希合附會之人。一無所問。言者勿復彈劾。』新黨稍安。或謂呂公著曰。『今除惡不盡。將貽後患。』公著曰。『治道去太甚耳。文景之世。網漏吞舟。且人才實難。宜使自新。豈宜使自棄耶。』

已而蔡確罷官。居安州。嘗遊車蓋亭。賦詩十章。知漢陽軍吳處厚與確有隙。上之。以爲皆涉譏訕。於是臺諫言確怨謗。乞正其罪。元祐四年。詔貶確光祿卿。分司南京。臺諫論之不已。執政欲置確於法。范純仁王存力爭。乃安置確於新州。（今廣東粵海道新興縣）純仁言於太后曰。『聖朝宜務寬厚。不可以語言文字之間曖昧不明之道竄誅大臣。今舉動宜爲將來法。此事甚不可開端也。」不聽中丞李常中書舍人彭汝礪，侍御史盛陶皆言不可以詩罪確。詔出常知鄧州。汝礪知徐州。陶知汝州。

第八節 舊黨之內訌

一，呂大防對范純仁之軋轢 蔡確既竄。呂大防言確黨盛不可不治。范純仁面諫朋黨難辨。恐誤及善人。司諫吳安詩正言劉安世因論純仁黨確。四年六月。罷純仁知穎昌府。王存知蔡州。而以孫固知樞密院事。趙瞻同知樞密院事。韓忠彥許將爲尙書左右丞。劉摯傅堯俞爲門下中書侍郎。與呂大防同輔政。

二，呂大防對劉摯之軋轢 五年。趙瞻孫固相繼卒。許將罷。韓忠彥改同知樞密院事。劉摯爲尙書右僕射。蘇頌蘇轍爲尙書左右丞。王巖叟簽書樞密院事。同輔政。摯性峭直有氣節。與呂大防同位。國家大事。多決於大防。惟進退士大夫。實執其柄。然持心少恕。勇於去惡。竟爲朋讒奇中。遂與大防有隙。先是起居舍人邢恕以附蔡確得進。確竄新州。恕亦謫監永州酒稅。恕與摯有舊。常以書往來。中丞鄭雍，殿中侍御史楊畏附呂大防。因摘其書中語以劾摯。又章惇諸子故與摯子游。摯亦間與之接。確畏謂摯延見結納。爲牢籠之計。以希後福。月論王巖叟，梁燾，劉安世，朱光庭等三十餘人皆其死友。六年十一月。罷摯知鄆州。今山東東臨道聊城縣　給事中朱光庭駁還詔書。王巖叟上書論救。言者皆以爲黨。出光庭知亳州。今安徽淮泗道亳縣巖叟知鄭州。

三，呂大防蘇轍對蘇頌范百祿之軋轢　七年。以蘇頌爲尙書左僕射。蘇轍爲門下侍郎。范百祿爲中書侍郎。梁燾鄭雍爲尙書左右丞，韓忠彥知樞密院事。與呂大防同輔政。頌器局閎遠。以禮法自持。爲相務在奉行故事。使百官守法遵職。量能授任。先是侍御史賈易坐言事出。既復監司。更赦。除知蘇州。頌謂易在御史名敢言。不宜下遷。於簾前爭之。時殿中侍御史楊畏來之邵附呂大防蘇轍。即劾頌稽留詔命。八年三月。罷頌爲觀文殿學士集禧觀使。百祿坐與頌同職事。畏等累章劾之。罷知河中府。

四，洛蜀兩黨之軋轢　先是哲宗元祐元年。召程頤爲崇政殿說書。蘇軾爲翰林學士。兼侍讀。軾好諧謔。而頤以禮法自持。每進講。色甚莊。繼以諷諫。軾謂其不近人情。深嫉之。每加玩侮。二人遂成隙。頤門人右司諫賈易左正言朱光庭等憤不能平。遂劾軾試館職。策問誘訕。殿中侍御史呂陶言。『臺諫當徇至公。不可假借事權以報私隙。』右司諫王覿言。『軾辭命失輕重。其事小不足考。若悉考同異。深究嫌疑。則兩歧遂分。使士大夫有朋黨之名。大患也。』太后然之。遂置不問。會帝患瘡疹。不出。頤詣宰臣問知否。且曰。『上不御殿。太后不當獨坐。人主有疾而大臣不知可乎。』由是大臣亦多不悅。御史中丞胡宗愈。左諫議大夫孔文仲。給事中顧臨。遂連章力詆頤不宜在經筵。二年八月。罷頤出管勾西京國子監。易因劾陶黨軾兄弟。語侵文彥博范純仁。太后怒。罷易出知懷州。（今河南河北道沁陽縣）

是時熙豐用事之臣。退休散地。皆啣怨入骨。陰伺閒隙。而舊黨諸賢不悟。各爲黨比以相訾議。遂有洛黨蜀黨朔黨之目。洛黨以頤爲首。而光庭易爲輔。蜀黨以軾爲首。陶等爲輔。朔黨以劉摯梁燾王巖叟劉安世爲首。而輔之者尤衆。互相攻訐。自門下侍郎韓維。（元祐二年七月罷）尚書右丞胡宗愈（四年三月罷）以下多不安於位以去。范純仁爲相。務以博大開上意。忠厚革士風。常言『朝臣本無黨。但善惡邪正各以類分。』因極言前世朋黨之禍。太后然之。而士習已成。迄不能改。

第九節 新黨之復活及其報復 舊黨之貶竄 孟后之廢 章惇內閣

蘇頌既罷。是年（元祐八年）六月。徵范純仁爲尚書右僕射。殿中侍御史楊畏附蘇轍。欲相之。因與來之邵上疏。論純仁不可復相。乞進用章惇安燾呂惠卿，不報。及純仁視事。呂大防欲引畏爲諫議大夫。純仁以畏不端。不可用。大防曰。『豈以畏嘗言相公耶』。蘇轍即從旁誦其彈文。純仁初不知也。已而竟遷畏禮部侍郎。　是年九月。太皇太后崩。十月。帝始親政。呂大防爲山陵使。甫出國門。楊畏首叛大防。上疏言。『神宗更法立制。以垂萬世。乞賜講求。以成繼述之道』。帝即召對。詢以先朝故臣孰可召用者。畏遂列上章惇安燾呂惠卿，鄧潤甫，李清臣等行義。各加題品。且乞召惇爲相。帝深納之。樞密都承旨劉安世，翰林學士范祖禹，諫以爲不可用。詔出安世知成德軍。（今河北保定道正定縣）祖禹知陝州。

次年（紹聖元年）二月。以李清臣爲中書侍郎。鄧潤甫爲尚書左丞。三月。來之邵探時旨。首劾大防。大防亟自引去。旋以策試進士問題。罷蘇轍。是時清臣發策。歷詆元祐政事。及進士對策。考官第主元祐者居上。禮部侍郎楊畏覆考。乃悉下之。而以主熙豐者置前列。於是天下曉然於政府意旨之所在。　尋以曾布爲翰林學士承旨。布上疏請復先帝故事。且乞改元以順天意。帝從之。改元紹聖。　四月。以章惇爲尚書左僕射。安燾爲門下侍郎。罷范純仁知穎昌府。惇引蔡京爲戶部尚書。林希爲中書舍人。蔡卞爲國史修撰。黃履爲御史中丞。以漸盡復熙豐之政。黃履與諫官張商英，上官均，來之邵等交章論司馬光呂公著等變更先朝之法。畔道逆理。是年六月。追奪光公著贈謚。仆所立碑。奪王巖叟贈官。貶呂大防劉摯蘇轍官。分司南京。惇又籍文彥博以下三十人。將悉加貶黜。清臣進曰。『更先帝法度。不能無過。然皆累朝元老。若從惇言。必大駭物聽。』乃止。 是年十二月。蔡卞重修神宗實錄成。原任史官范祖禹，趙彥若，黃庭堅等。並坐詆誣先帝。降官安置於遠州。落禮部侍郎陸佃職。言者又以呂大防監修實錄。徙之安州。今湖北江漢道安陸縣 二年。追復蔡確官。贈太師。謚忠懷。

是年十一月。祀明堂。赦。章惇豫言呂大防等數十人當終身勿徙。范純仁聞之。憂憤。欲上書申理。所親勸其勿觸怒。萬一遠斥。非高年所宜。純仁曰。『事至於此。無一人敢言。若上心遂回。所繫大矣。如其不然。死亦何憾。』因上言。『大防等所罪。亦因持心失恕。好惡任情。違老氏好還之戒。忽孟軻反爾之言。然牛李之禍。數十年淪胥不解。豈可尚遵前軌。願斷自淵衷。原放大防等。』疏奏。惇大怒。遂落純仁觀文殿大學士。徙知隨州。今湖北江漢道隨縣 安燾屢與惇異議。罷知鄭州。

四年二月。追貶司馬光呂公著王巖叟官。奪趙瞻傅堯俞贈謚。追韓維到任及孫固范百祿胡宗愈等遺表恩。流呂大防劉摯蘇轍梁燾范純仁等於嶺南。貶韓維王覿等三十人官。降太師致仕文彥博爲太子少保。大防行至虔州信豐（今江西贛南道信豐縣）而卒。梁燾劉摯皆卒於貶所。天下惜之。尋以曾布知樞密院事。林希同知院事。許將爲中書侍郎。蔡卞黃履爲尙書左右丞。章惇與卞密謀。欲舉漢唐故事。誅戮黨人。帝以問將。將曰『二代固有之。但祖宗以來未之有。本朝治道所以遠過漢唐者。以未嘗輒戮大臣也。』帝深然之。 是年三月。中書舍人蹇序辰上疏言。『司馬光等變亂典刑。改廢法度。訕讟宗廟。睥睨兩宮。其章疏案牘。散在有司。若不彙緝而藏之。歲久必致淪棄。願選官編類。人爲一帙。置之二府。以示天下後世之大戒。』章惇蔡卞請即命序辰及直學士院徐鐸編類。凡司馬光等一時施行文書。擿拾附著。纖悉不遺。凡一百四十三帙。由是縉紳之士。無得脫禍者。旋以邢恕譖。追貶王珪爲萬安軍司戶參軍。

是年五月。文彥博卒。其子及甫居喪於洛。服除。恐不得京官。致書於御史中丞邢恕。恕與蔡確之弟碩謀。摭拾書中之語。誣劉摯等陰圖不軌。謀危宗社。章惇蔡卞欲借以興大獄。次年元符元年三月。下及甫於同文館獄。令蔡京安惇雜治之。京惇因奏摯等大逆不道。死有餘責。帝曰。「元祐人果如是乎。」京惇對曰。「誠有是心。特反形未具耳。」乃下詔。禁錮劉摯梁燾子孫於嶺南。勒停王巖叟諸子官職。進京爲翰林學士承旨。惇爲御史中丞。尋竄范祖禹於化州。今廣東高雷道化縣劉安世於梅州。今廣東潮循道梅縣祖禹尋卒。 是時劉婕妤有寵。事皇后孟氏多不循禮。會后女福慶公主疾。后姊持道家符水入治。婕妤黨因譖后厭魅。紹聖三年。廢后爲華陽敎主玉淸妙靜仙師。出居瑤華宮。時章惇欲誣宣仁太皇太后高氏有廢立意。以后爲宣仁所聘。因與內侍郝隨密謀。搆成是獄。至是惇與蔡卞邢恕等謀。媒蘖宣仁嘗欲危帝。請追廢爲庶人。皇太后向氏方寢。聞之。遽起。謂帝曰。「吾日侍崇慶。天日在上。此語曷從出。且帝必如此。亦何有於我。」帝感悟。取惇卞奏就燭焚之。明日。惇卞再具狀。堅請施行。帝怒曰。「卿等不欲朕入英宗廟乎。」抵其奏於地。事得寢。 二年八月。劉妃生皇子茂。詔立妃爲皇后。右正言鄒浩上書諫。詔除名。編管新州。尙書右丞黃履上書救浩。並免履官。

初司馬光呂公著之秉政也。置訴理所。許熙寧以來得罪者自陳。政府酌與昭雪。至是安惇言。「光等歸怨先朝。收恩私室。乞取公案。看詳從初加罪之意。復依斷施行。」是年閏月。

置看詳訴理局。命惇與蹇序辰看詳。由是重得罪者八百三十家。天下怨疾。有二蔡二惇之謠。

第十節　混合內閣之成立　新黨之左遷　孟后之復位　韓忠彥曾布內閣

哲宗在位十五年。以元符三年崩。無子。弟端王佶立。是爲徽宗。皇太后向氏權同聽政。尊皇后劉氏爲元符皇后。以韓忠彥爲門下侍郎。黃履爲尙書右丞。召龔夬爲殿中侍御史。陳瓘鄒浩爲左右正言。於是忠直敢言之士。復稍見進用。御史中丞安惇言。鄒浩復用。虧彰先帝之失。帝曰。「立后大事也。中丞不言。而浩獨敢言。何爲不可復用。」惇懼而退。瓘因劾惇「誑惑主聽。規騁其私。」詔出惇知潭州。(今湖南長沙縣)尋以韓忠彥爲尙書右僕射。復范純仁等官。徙蘇軾等於內郡。許劉摯梁燾歸葬。錄其子孫。追復文彥博王珪司馬光呂公著呂大防劉摯等三十三人官。　初。哲宗嘗悔廢后事。歎曰。「章惇壞我名節。」至是用布衣何文正言。復廢后孟氏爲元祐皇后。自瑤華宮還居禁中。　臺諫陳師錫，陳次升，陳瓘，任伯雨，張庭堅，豐稷，龔夬，江公望等。先後劾蔡卞章惇等。托紹述之說。上欺天子。下脇同列。中傷善類之罪。詔出卞知江寧府。旋貶秘書少監。分司池州。今安徽貴池縣出惇知越州。今浙江紹興縣旋貶武昌節度副使。居潭州。復貶雷州司戶參軍。安置邢恕於均州。今湖北均縣除安惇蹇序辰名。放歸田里。奪蔡京職。居之杭州。貶林希官。徙知揚州。於是新黨之有勢力者皆去位。

是年六月。太后歸政。十月。以韓忠彥曾布爲尚書左右僕射。布主張紹述。時議以元祐紹聖均有所失。欲以大公至正。消釋朋黨。遂詔改明年元爲建中靖國。自是以後。新舊黨雜進。政界愈益紛亂。

第十一節　變態新黨之出現　黨人碑之設立　孟后之復廢　蔡京內閣

建中靖國元年。皇太后崩。中丞趙挺之希旨。排擊元祐諸臣。尚書右丞范純禮從容爲上解釋。駙馬都尉王詵陷以罪。罷知潁昌府。供奉官童貫性巧媚。善擇人主微指。及詣三吳，訪書畫奇巧。留杭累月。蔡京日夜與之游。貫還都。譽京於上。詔起京爲翰林學士承旨。鄧綰之子洵武爲起居郎。嘗因對言。『陛下乃神宗子。今相忠彥乃琦之子。神宗行新法以利民。琦嘗論其非。今忠彥更神宗之法。是忠彥爲能繼父志。陛下爲不能也。必欲繼志述事。非用蔡京不可。』帝以爲然。進洵武中書舍人，給事中，兼侍講。復蔡卞邢恕呂嘉問安惇蹇序辰等官。罷臺諫任伯雨江公望陳瓘豐稷等。曾布主張紹述。請改明年元爲崇寧。從之。左司諫吳材，右正言王能甫希旨。劾韓忠彥『變神考之法度。逐神考之人材。』崇寧元年。罷忠彥知大名府。材能甫復舉元祐黨籍。請重行貶黜。詔復追貶司馬光文彥博呂公著以下四十四人官。復詔元祐及元符末黨人蘇轍范純禮等凡五十餘人。並令三省籍記。不得與在京差遣。又詔司馬光等二十一人子弟。毋得官京師。尙書左丞陸佃持論平恕。每欲參用元祐人才。至是言於帝。謂『不宜窮治。』因下詔曰。『元祐諸臣。各已削秩。自今無所復問。言者亦勿輒言。』揭之朝堂。言者因論佃名在黨籍。遂罷知亳州。而以許將溫益爲門下中書侍郎。蔡京趙挺之爲尙書左右丞。與曾布同輔政。布與蔡京議不協。罷知潤州。今江蘇金陵道丹徒縣旋以京爲尙書右僕射。趙挺之張商英爲尙書左右丞。蔡卞知樞密院事。京倡議禁元祐法。置講議司於都省。自爲提舉講議熙豐已行法度及神宗欲爲而未暇者。以次盡復新法。

是時元祐及元符末用事諸臣。貶竄死徙者略盡。蔡京猶未愜意。是年九月。籍宰執司馬光文彥博呂公著呂大防劉摯范純仁韓忠彥王珪梁燾等。曾任待制以上官蘇軾范祖禹等。餘官程頤秦觀等凡百二十人。等其罪狀。謂之奸黨。請御書刻石於端禮門。籍元符末上書人定爲正上正中正下三等。悉加旌擢。邪上邪中邪下三等。降責有差。又詔降責人不得同州居住。

是時元符皇后閤宦者郝隨。諷蔡京再廢元祐皇后孟氏。會昌州判官馮澥上書。論復后爲非。臺諫錢遹石豫左膚等交章劾韓忠彥等「乘一布衣誑言掠流俗之虛美。」京與閣臣皆主臺臣之說。上不得已從之。是年十月。詔罷元祐皇后孟氏稱號。復出居瑤華宮。治元符末年諸臣議復后號者。降韓忠彥曾布官。追貶原任執政李清臣黃履。安置翰林學士曾肇及臺諫豐稷陳瓘龔夬等十七人於遠州。十二月。追謚元符皇后劉氏子茂爲獻愍太子。竄鄒浩於昭州。（今廣西桂林道平樂縣）

次年。進蔡京爲尙書左僕射。尊劉后爲皇太后。京惡元符末臺諫之論。已悉陷以黨事。安置任伯雨等十二人於遠州。 是年三月。詔黨人子弟毋得至闕下。又詔元符末上書進士充三舍生者罷歸。以元祐學術聚徒傳授者。監司覺察。必罰無赦。元符末上書邪等人。亦毋得至京師。四月詔毀司馬光呂公著等十人景靈宮畫像。又詔毀范祖禹唐鑑及三蘇黃庭堅秦觀文集除故直秘閣程頤名。九月令州縣立黨人碑。三年六月圖熙豐功臣於顯謨閣以王安石配享孔子重定元祐元符黨人及上書邪等者合爲一籍通三百九人刻石於朝堂餘並出籍。

自此以後蔡京當國幾二十年中間暫罷者三皆以其黨代之凡事禀承京旨其子攸亦有寵權勢與父相軋滿朝皆其父子之黨朝政日壞京外托紹述之名紛更法制貶斥羣賢增修財利之政務以侈靡惑人主其黨童貫朱勔等逢迎帝旨大興土木東南之民不堪騷擾於是方臘之亂與宋江之亂相繼而起竭全國之力僅得蕩平而對遼問題復起金人乘之大舉南寇至欽宗靖康元年始下詔除元祐黨籍學術之禁貶蔡京誅蔡攸而事已無及矣。

第六章 北宋末年之和戰論

第一節 北宋對金和戰不定之原因

自來書生習氣。議論多而成功少。北宋之徽宗。工詩。善畫。兼有文學家美術家之長。天然不適宜於政治生活。其所用之大臣。皆出於童貫 蔡京 王黼 梁師成之門。無可以繫天下之望者。李綱种師道，以疏遠之臣。驟握大權。爲一般宵小所嫉妬。其所主張之戰守論。又爲懦弱委靡之欽宗所不敢爲。而都中士民。歡迎二人。又容易招朝廷之忌。於是白時中，李邦彥，張邦昌，唐恪，耿南仲等。遂日以割地請和之議。熒惑聖聽。棄戰守之事而不顧。及太原眞定相繼陷落。咽喉已塞。而朝廷猶詔百官。議棄三鎭得失。故金人嘗語宋使曰。『待汝家議論定時。我已渡河矣。』諺曰。『秀才造反三年不成。』北宋末年之人物。皆此等秀才之流。其議論皆三年不成之議論也。故北宋之議和與南宋之議和內情迥異。南宋出於不得已。北宋則可已而不已者也。茲述其事蹟如左。

第二節 恢復燕雲問題

先是有唐末年。劉仁恭劉守光父子。相繼爲盧龍節度使。屢與梁晉搆兵。契丹太祖耶律阿保機乘之。略取營（今熱河朝陽縣）平（今河北盧龍縣）灤（今河北灤縣）三州。於是現今河北東北部，與熱河東南部相繼皆淪入於契丹。晉王存勗滅守光。契丹與晉接境。屢乘梁晉虎爭之隙。進兵南窺幽州。與晉搆兵。互有勝負。山後朔（今山西朔縣）蔚（今察哈爾蔚縣）新（同今涿鹿縣）武（同今宣化縣）儒（同今延慶縣）等州多陷。而幽州迄不下。後唐廢帝從珂時代。河東節度使石敬塘作亂。求救於契丹。契丹立敬塘爲晉帝。敬塘割幽薊瀛莫涿檀順新嬀儒武雲寰應朔蔚等十六州（今察哈爾口北道山西雁門道全部）以賂之。是爲燕雲十六州割讓於契丹之始。於是萬里長城與燕山山脈之險淪入於契丹。河北北境無險可守。契丹得以自由出兵侵略河北。後晉之亡。實由於此。周世宗在位。自將伐契丹，取瀛（今河北河間縣）莫（今河北任邱縣）易（今河北易縣）三州。瓦橋關（今河北雄縣）南復入於中國。遂趨幽州。在道不豫而止。宋太宗在位。兩次出重兵。謀恢復幽州。皆爲契丹所敗。自是河北禦寇不暇。眞宗在位時代。契丹聖宗大舉南寇。至澶州。（今河北大名道濮陽縣）參知政事王欽若，同知樞密院事陳堯叟，皆請南遷。宰相寇準力勸帝親征。破其前鋒。遼人氣懾。乃請和。準欲邀其稱臣。且獻幽燕之地。帝年少氣餒。爲近臣所惑。乃許遼和。賂以歲幣三十萬。是爲中國納幣於契丹之始。仁宗在位。定難（今陝西榆林道）節度使趙元昊作亂。陝西州郡多陷。契丹興宗乘之。聚兵於燕。聲言南下。且遣使來索瓦橋關南十縣地。帝不欲與地。又不敢與戰。乃遣使議和。增歲幣爲五十萬。　神宗在位。用兵經畧河湟。綏附西南夷。征服交趾。復與西夏搆兵。諸邊多故。契丹道宗乘之。遣使以劃界爲辭。要求割讓河東（今山西中部及南部）邊境。帝以西北西南同時用兵。無餘力與遼宣戰。乃依遼議。定新界。凡東西七百里。間南北失地各三十餘里。　徽宗時代。遼天祚帝在位。荒淫不恤國政。與女眞部漸生嫌隙。政和元年。朝廷遣端明殿學士鄭允中，宦官童貫，使遼以覘之。貫至盧溝。燕人馬植見貫。陳取燕之策。貫大喜。載與俱歸。易姓名曰李良嗣。薦諸朝。植建聯合女眞夾攻遼之議。帝嘉納之。以爲秘書丞。賜姓趙。圖燕之議自此始。

政和三年。（徽宗十三年）生女眞部酋長完顏阿古達（舊作阿骨打）舉兵叛遼。自稱皇帝。國號金。是爲太祖。屢破遼兵。盡取遼東京（今遼寧遼陽縣）上京（今熱河昭烏達盟巴林旗東北）等路。進迫中京。（今熱河平泉縣）重和元年。（徽宗十八年）詔遣武義大夫馬政浮海使金通好。約夾攻遼。次年。（宣和元年）金人遣使報聘。又次年。（宣和二年）復遣趙良嗣使金。中書舍人吳時諫。不聽。又有安堯臣者上書力諍。亦不聽。　是年九月。良嗣偕金使返京。約定條件如左。

一、金兵自平地松林（今熱河圍場縣）趨古北口。（屬河北密雲縣跨燕山山脈上之萬里長城爲北平熱河交通要道）宋兵自白溝（今平南琉璃河）夾攻。

二、事定之日以山前後十七州歸宋。

三、宋與金歲幣之數同於遼。

是時童貫蔡京主議。熙河鈐轄趙隆極言其不可。貫不聽。領樞密院事鄭居中爭之於京。乃暫寢其議。　已而金屢破遼。取中京西京（今山西雁門道）等路。貫乃復乞舉兵。居中言「不宜幸災而動。」宰相王黼不可。帝意遂決。宣和四年。詔遣童貫蔡攸勒兵十五萬。巡北邊以應金。貫屢進兵。皆爲遼所敗。貫懼得罪。乃密遣使如金。求如約夾攻。是年十二月。金太祖引兵入自居庸關。遂克燕京。（今北平）　於是遼室五京皆爲金有。

先是朝廷與金約。但求石晉賂契丹故地。而不及營平灤三州。既而王黼欲併得之。屢遣趙良嗣求之於金。金人不許。且責朝廷出兵失期。只許與燕京及山前六州。（薊景檀順涿易）至是金既克燕。復遣使致書於中國曰。『燕京用本朝兵力攻下。其租稅當輸本朝。』王黼欲邀近功。遂約歲幣之外。更加燕京代稅錢一百萬緡。金人又求糧。良嗣許以二十萬石。宣和五年四月。金人以燕京及涿（今河北涿縣）易檀（今河北密雲縣）順（今河北順義縣）景（今河北遵化縣遼置景州）薊（今河北薊縣）六州之地來歸。而山後諸州及西北一帶接連山川不在此限。營平三灤州，亦以非石晉所賂契丹之地不預焉。燕之職官富民金帛子女皆被金人驅掠以去。朝廷所得惟空城而已。

第三節　李綱种師道進退問題

一，金人之敗盟　是年六月。金將（遼故將降金者）張瑴以平州來降。王黼勸帝納之。趙良嗣諫。不聽。十一月。金將斡喇布（舊作斡離不）襲平州。瑴兵敗奔燕山。（府名即燕京改名）金人以納叛來責。朝廷不得已。殺瑴函其首以畀金。於是降將卒皆解體。

是年。金太祖殂。太宗即位。朝廷復遣使往求山後諸州。太宗將許之。其將尼瑪哈（舊作粘沒喝）不可。乃僅以武朔二州來歸。是時內侍譚稹爲兩河燕山路宣撫使。招納北方降人。金人不悅。六年三月。金遣使詣宣撫司。索趙良嗣所許之糧二十萬石。稹不與。金人益怒。斡喇布在平州。遣人來索叛亡戶口。朝議弗遣。又聞童貫與降將郭藥師治兵燕山。乃言於金太宗。請舉兵南侵。太宗然之而未即決。七年二月。金人擒天祚。遼亡。漠南漠北皆定。金無後患。乃謀大舉入寇。是年十月。命尼瑪哈斡喇布分道南侵。童貫聞警。自太原逃歸汴。朝廷急起老將种師道爲兩河制置使。令起陝西兵入援。是時師道致仕。居南山豹林谷。聞命即東。過姚平仲。有步騎四千。與之俱赴汴。未至。尼瑪哈已破代朔二州。進圍太原。斡喇布破檀薊州。郭藥師以燕山叛降金。斡喇布以藥師爲嚮導。長驅而進。詔悉起禁軍。命內侍梁方平帥之。守黎陽。（故城在今河南河北道濬縣境內）而急召熙河（今甘肅蘭山道）經畧使姚古，秦鳳（今甘肅渭川道）經畧使种師中，將兵入援。未至。金斡喇布已破相（今河北安陽縣）濬（今河北道濬縣）二州。進窺黎陽。方平軍潰。走還。朝廷大震。

二，徽宗之內禪　蔡京及其黨與之伏誅　李綱之城守　帝以金師日迫。欲東幸金陵。給事中吳敏詣都堂力爭。宰執以爲言。乃罷行。而以皇太子爲開封牧。太常少卿李綱謂敏曰。『建牧之議。豈非欲委皇太子以留守之任乎。今敵勢猖獗。非傳太子以位號。不足以招徠天下豪傑。』敏曰。『監國可乎。』綱曰。『肅宗靈武之事。不建號。不足以復邦。而建號之議。不出於明皇。後世惜之。上聰明仁恕。公曷不爲上言之。』敏入言於帝。帝意遂決。拜敏門下侍郎。傳位於太子。太子卽位。是爲欽宗。尊帝爲教主道君太上皇帝。以綱爲兵部侍郎。太學生陳東等上書。請誅蔡京童貫王黼等以謝天下。詔從之。於是京等相繼貶竄以死。

次年（欽宗靖康元年）正月。金斡喇布兵渡河。太上皇出奔鎮江。宰相白時中李邦彥等。議以京城不可守。欲奉帝出幸襄鄧。以避敵鋒。李綱曰。『天下城池。豈有如都城者。且宗廟社稷百官萬民所在。捨此欲何之。今日之計。當整飭軍馬。固結人心。相與堅守。以待勤王之師。』帝問誰可將者。綱曰。『白時中李邦彥等。雖未必知兵。然藉其位號。撫將士以抗敵鋒。乃其職也。』時中勃然曰。『李綱莫能將兵出戰否。』綱曰。『陛下不以臣庸懦。倘使治兵。願以死報。』乃以綱爲尙書右丞。東京留守。綱爲帝力陳不可去之意。且言「明皇聞潼關失守。即時幸蜀。宗廟朝廷。毀於賊手。今四方之兵。不日雲集。奈何輕舉。以蹈明皇之覆轍乎。」會內侍奏中宮已行。帝色變。倉卒降御榻曰。「朕不能留矣。」綱泣拜。以死邀之。帝意稍定。顧綱曰『朕今爲卿留。治兵禦敵之事。專責之卿。勿致疏虞。』綱皇恐受命。 是夜。宰臣猶請出幸不已。帝從之。質明。綱趨朝。則禁衞擐甲。乘輿已駕矣。綱急呼禁衞曰。『爾等願守宗社乎。願從幸乎。』皆曰。『願死守。』綱入見曰。『陛下已許臣留。復戒行何也。今六軍父母妻子。皆在都城。願以死守。萬一中道散歸。陛下孰與爲衞。敵兵已逼。知乘輿未遠。以健馬疾追。何以禦之。』帝感悟。乃召中宮還。以綱兼親征營使。治守戰之具。粗備。而金兵已至城下矣。

金兵攻宣澤門。（汴河上北面水門名）李綱力戰拒却之。金遣使入見。李邦彥力請割地求和。議遣使詣金營。綱請自行。帝不許。而命同知樞密院事李棁往。綱曰『安危在此一舉。臣恐李棁怯懦誤國事也。』不聽。棁至金營。斡喇布盛兵南嚮坐。棁北面再拜。膝行而前。斡喇布切責之。因受以要求之事目一紙。（金五百萬兩銀五千萬兩牛馬萬頭表段百萬匹尊金帝爲伯父歸燕雲之人在漢者割中山太原河間三鎭以宰相親王爲質）棁等唯唯。不敢措一言而還。李邦彥等力勸帝從金議。李綱言『金人所須金幣。竭天下且不足。況都城乎。中山太原河間三鎭之地。國之屏蔽。割之何以立國。至於遣質。則宰相當往。親王不當往。若遣辯士姑與之議。宿留數日。大兵四集。彼孤軍深入。雖不得所欲。亦將速歸。此時與之盟。則不敢輕中國。而和可久也』邦彥等言『都城破在旦夕。尙何有於三鎭。而金幣之數又不足較』帝默然。綱不能奪。因求去。帝慰諭之曰。『卿第出治兵。此事當徐圖之』綱退。則誓書已成。稱伯大金皇帝姪大宋皇帝。金幣割地遣質。更盟一依其言。括借京城士民金帛以賂金。遣皇弟康王構及宰相張邦昌往爲質。

三、种師道之入援　种師道至洛陽。聞金兵已抵京城下。或止師道。師道言『賊勢方銳。願少駐汜水以謀萬全』師道曰。『吾兵少。若遲回不進。形見情露。祇取辱焉。今鼓行而進。彼安能測我虛實。都人知吾來士氣自振。何憂賊哉。」揭榜沿道。言种少保領西兵百萬來。遂抵京西。趨汴水南。徑逼敵營。金人懼。徙砦稍北。增壘自衛。帝聞其至。甚喜。命李綱迎勞。師道入見。帝問曰。「今日之事。卿意若何。」對曰。「女眞不知兵。豈有孤軍深入人境而能善其歸乎。京師周迴八十里。如何可圍。城高數十丈。粟支十年。不可攻也。請嚴兵拒守。以待勤王之師。不踰數月。虜自困矣。如其退。卽與之戰。三鎭之地。不宜割與。」帝曰。「業已講好矣。」對曰。「臣以軍旅之事事陛下。餘非所敢知也。」詔以師道同知樞密院事。充京畿河北河東路宣撫使。統四方勤王兵。以姚平仲爲都統制。師道請「緩給金幣於金。俟彼惰歸。扼而殲諸河。」帝命師道於政事堂共議。師道見李邦彥曰。「京城堅高。備禦有餘。當時相公何事便講和。」邦彥曰。「以無兵故也。」師道曰。「不然。凡戰與守自是兩事。戰或不足。守則有餘。京師百萬衆。盡皆兵也。」邦彥曰。「素不習武事。不知出此。」師道曰。「相公不習兵。豈不聞往古守城者乎。」又曰。「聞城外居民悉爲賊殺掠。畜產甚多。亦爲賊有。當時既聞賊來。何不悉令城外居民撤去屋舍。移其所畜盡入城中。乃遽閉門以遺賊資。何也。」邦彥曰。「倉卒之際。不暇及此。」師道笑曰。「亦太慌忙耳。」左右皆笑。時議人人異同。惟李綱與道師合。而邦彥不從。

四、陳東之爭罷李綱　時朝廷日輸金幣於金。而金人需求不已。日肆屠掠。四方勤王之師漸至。李綱言。『金人貪婪無厭。兇悖日甚。其勢非用師不可。且敵兵號六萬而吾勤王之師集城下者已二十餘萬彼以孤軍入重地猶虎豹自投陷穽中。當以計取之。不必與角一旦之力若扼河津絕餉道。分兵復畿北諸邑。而以重兵臨敵營。堅壁勿戰俟其食盡力疲。縱其北歸。半渡而擊之。此必勝之計也』。帝深然之。姚平仲請速戰。种師道不以爲然。帝遽從平仲議。是年二月朔平仲引兵夜襲金營。帝命李綱爲後援。平仲戰敗。懼誅。亡去綱親率諸將逆戰。以神臂弓射却金兵。种師道曰。『劫寨已誤。然兵家亦有出其不意者。今夕再遣兵分道攻之。亦一奇也。如猶不勝。然後每夕以數千人擾之。不十日。賊遁矣。』李邦彥等畏懦。竟不果用。　金斡喇布遣使來詰責用兵違誓之故。李邦彥語之曰。『用兵乃李綱姚平仲爾。非朝廷意也。』因罷綱以謝金人。廢親征行營司。太學生陳東等千餘人上書言『李綱奮勇不顧。以身任天下之重。所謂社稷之臣也。李邦彥白時中張邦昌李梲之徒。庸謬不才。忌嫉賢能。動爲身謀。不恤國計。所謂社稷之賊也。陛下拔綱。中外相慶。而邦彥等疾如仇讐。恐其成功。因緣阻敗。且邦彥等必欲割地。曾不知無三關四鎮。是棄河北也。棄河北。朝廷能復都大梁乎。又不知邦昌等能保金人不復敗盟否也。竊恐虜兵南向。大梁不可都。必將遷而之金陵。則自江以北非朝廷有。邦彥等不顧國家長久之計。徒欲沮李綱成謀。以快私忿。李綱罷命一傳。兵民騷動。至於流涕。咸謂不日爲虜擒矣。罷綱非特墮邦彥等計中。又墮虜計中也。乞復用綱而斥邦彥等。且以閫外付种師道。國家存亡在此舉。不可不謹。』書奏。軍民不期而集者數萬人。會邦彥入朝。衆數其罪而罵。且欲毆之。邦彥疾驅得免。吳敏傳宣令退。衆莫肯去。撾壞登聞鼓。喧呼動地。殿帥王宗濋恐生變。奏帝勉從之。帝乃遣耿南仲號於衆曰。『已得旨宣綱矣。』內侍朱拱之宣綱後期。衆臠而磔之。並殺內侍數十人。知開封府王時雍麾之不退。帝顧戶部尚書聶昌俾出諭旨。諸生乃退。詔復綱尚書右丞。充京城四壁防禦使。都人又言願見种師道。詔趣師道入城彈壓。師道乘車而至。衆褰簾視之曰。『果我公也。』相麾聲喏而散。明日。詔誅士民殺內侍爲首者。禁伏闕上書。王時雍欲盡致太學諸生於獄。人人惴恐。會朝廷將用楊時爲祭酒。遣聶昌詣學宣諭。然後定。

金人疑康王非親王。請以他王代之。詔遣皇弟肅王樞往代質。徵康王及張邦昌還。遣使持手書如金營許割三鎭地。斡喇布頓兵城下。久不得志。遂不俟金幣數足。引還。京師解嚴。种師道請乘其半濟邀諸河。帝不許。御史中丞呂好問曰。『金人得志。益輕中國。秋冬必傾國復來。禦敵之備。當速講求。』帝亦不聽。旋罷師道兵柄。中丞許翰言『師道名將。沈毅有謀。不可使解兵柄。』帝謂其老難用。不聽。翰又言『金人此去。存亡所繫。當令一大創。使失利去。則中原可保。四夷可服。不然。將來再舉。必有不救之患。宜遣師邀擊之。』帝亦不聽。

五、殺熊嶺之敗　太原諸軍之潰　李綱之竄　已而姚古种師中等入援。凡十餘萬人。至汴城下。而斡喇布已退。李綱請詔古等追之。且戒俟其間可擊則擊。而宰執張邦昌李梲等乃令護送出之。勿輕動以啓釁。會金尼瑪哈陷威勝軍，今山西沁縣 隆德府。今山西長治縣 議者謂邦昌等主和誤國。乃罷李邦彥張邦昌李梲。是年三月。起种師道爲河北河東宣諭使。駐滑州。今河北道滑縣 命姚古援太原。种師中援中山河間。而師道實無兵自隨。乃請合關指關中 河指兩河 士卒。屯滄今津海道滄縣 衞今河北道汲縣 孟今河北道孟縣 滑。備金兵再至。朝廷以大敵甫退。不宜勞師示弱。格不用。古復隆德府，威勝軍。師中追斡喇布至北鄙而還。而太原圍卒不解。詔師中由井陘進兵。與古犄角援太原。師中進次平定軍。今冀寧道平定縣 乘勝復壽陽榆次今冀寧道二縣名 等縣。時尼瑪哈避暑還雲中。留兵分就畜牧。覘者以為將遁。告於朝。同知樞密院事許翰信之。數遣使趣師中出戰。師中不得已。倉卒進兵。約古等為援。而古後期不至。是年五月。師中與金人戰於殺熊嶺。今山西冀寧道壽陽縣西南敗績。死之。古軍潰。師中老成持重。為時名將。既死。諸軍無不奪氣。

京師自金兵退。上下恬然。置邊事於不問。李綱獨以為憂。數上備邊禦敵之策。不見聽用。至是种師道以病乞歸。門下侍郎耿南仲等請棄三鎮。綱力持不可。乃以綱為兩河宣撫使。代師道。綱言「臣書生。實不知兵。在圍城中。不得已為陛下料理兵事。今使為大帥。恐誤國事。」因拜辭。不許。臺諫言綱不可去朝廷。帝以其為大臣遊說。斥之。或謂綱曰「公知所以遣行之意乎。此非為邊事。欲緣此以去公。則都人無辭爾。公不起。上怒且不測。奈何。」許翰復書杜郵秦使白起伐趙辭不行秦王怒賜起死於杜郵二字以遺綱。綱不得已受命。時宣撫司兵僅萬二千人。綱請銀絹錢各百萬。僅得二十萬。庶事皆未集。綱乞展行期。御批以為遷延拒命。不許。左司諫陳公輔上書言「李綱書生。不知軍旅。遣援太原。乃為大臣所陷。後必敗事。」執政惡其言。謫監合州今四川東川道合川縣酒務。是年七月。李綱至懷州。今河北道沁陽縣練士卒。整器械。徵兵於諸路。期兵集大舉援太原。而朝廷降詔罷所起兵。綱上書言「秋高馬肥。敵必深入。防秋兵盡集。尚恐不足。今河北河東日告危急。未有一人一騎以副其求。奈何甫集之兵。又皆散遣。且以軍法勒諸路起兵。而以寸紙罷之。臣恐後時有所號召。無復應者矣。」疏上。不報。而趣綱赴太原。

是時援兵集於太原近旁。諸將皆承受御畫。事皆專達。進退自如。宣撫司徒有節制之名。多不遵命。綱嘗具論之。不聽。是年八月。復以种師道爲兩河宣撫使。召綱還。諸將不期會。自由進兵。前後皆潰。金尼瑪哈斡喇布復分道入寇。九月。陷太原。言者論李綱專主戰議。喪師費財。罷知揚州。尋落職。安置於建昌軍。中書舍人劉珏胡安國力諫。詔貶其官。

六、种師道之卒　汴京之陷　徽欽之北狩　是時金兵日逼。南道都總管張叔夜，陝西制置使錢蓋，各統兵赴闕。而宰執唐恪耿南仲等專主和議。檄止兩道兵勿前。遣使赴金營請和。金人佯許。而攻畧自如。諸將以和議故。皆閉壁不出。御史中丞呂好問請集滄滑邢相之戍。以遏奔衝。而列勤王之師於畿邑。以衞京城。疏入不省。是年十月。金人陷眞定。攻中山。上下震駭。廷臣狐疑相顧。猶以和議爲辭。好問率臺屬劾大臣畏懦誤國。詔貶其官。

种師道次於河陽。遇金使。揣敵必大舉。亟上疏。請幸長安以避其鋒。大臣以爲怯。召還。師道至京。病不能見。尋卒。

斡喇布既破眞定。長驅渡河。尼瑪哈亦盡陷河東諸州郡。遂渡河。陷洛陽。沿河守將皆棄城走。朝廷方詔百官議棄三鎭得失。而二酋已會於汴梁城下。初耿南仲爲東宮官十年。自謂首當柄用。而吳敏李綱越次進位在己上。心不能平。故每事異議。力阻戰守。堅請割地以成和好。故朝廷戰守之備皆罷。至是下哀痛詔。徵兵於四方。無至者。城中只有兵七萬人。乃遣使以蠟書間行出關召兵。南道都總管張叔夜將兵勤王。請帝暫詣襄陽以圖幸雍。不聽。龍衞卒郭京自言能用六甲法生擒金二將。朝廷以京爲成忠郎。賜以金帛使募兵擊金。是年閏月。（閏十一月）京與金人戰於城下。兵潰。率餘兵南遁。金人遂乘勢入城。衞侍長蔣宣，率其衆數百。欲邀乘輿犯圍而出。宰相何㮚，（古粟字）欲親率都民巷戰。會金人宣言議和退師。乃止。金人要帝至金營。旋刼上皇及后妃太子宗戚三千人至其軍。立張邦昌爲楚帝。以二帝以下北還。北宋遂亡。

第七章　南宋初年之和戰論

第一節　南宋初年和戰不定之原因

政論之發達。政爭之劇烈。爲有宋一代特色。北宋中葉以後。士大夫以意氣相競。無智愚賢不肖悉自投於黨禍之中。其所競爭之目的物。則舊法新法是也。南宋建國以後。外患異常猛烈。士大夫移其對內之眼光以對外。復引起絕大政爭。其所競爭之目的物。則和戰是也。由來主和者多小人。主戰者多君子。人皆知之。然夷考當時國情。宋與遼戰則敗。金與遼戰則勝。此武力不如金者一。宋之根據地在浙江。氣候溫暖。物產豐饒。山川明媚。風景清佳。民氣易流於文弱。金之根據地在滿洲。氣候寒冷。物產缺乏。山川凛冽。風景蕭疏。民氣多剛猛。富於冒險精神。又畧取黃河流域。乘高屋建瓴之勢以窺東南。有居高臨下之勢。江若海有言。『天下者，常山蛇勢也。秦蜀爲首。東南爲尾。中原爲脊。今以東南爲首。安能起天下之脊哉。』此地勢不如金者二。金之將相。皆由皇族出身。宗室王公。人盡知兵。故政府與將帥行動常一致。宋之將相。文武分途。文臣多主和。武臣多主戰。政府大臣，與邊方將帥，意見時常齟齬。政治上缺統一圓滿之致。此政局不如金者三。準此以觀。當時宰相秦檜之許和。固亦非擇而取之不得已也。然而當時書生。昧於世界大勢。動以尊王攘夷之說動人。秦檜久居異國。習諳敵情。及其當國。排群議而主和。當時號稱賢士大夫及後世主持清議者多唾罵之。然而設身處地。爲當時謀國計。固亦未可厚非也。所可恨者。高宗庸懦。貪戀大位。畏難苟安。檜窺其隱衷。先意逢迎。故君臣相得。言聽計從。議和以後。不乘此機會。臥心嘗膽。休養生息。練兵裕財。以爲將來復仇計。而躭於宴樂。粉飾昇平。凡有反對和議者。無論其人之人格如何。才力如何。皆竄之，逐之，誅之，戮之，而毫不愛惜。遂至殺岳飛。罷韓世忠。逐張浚。逼殺趙鼎。自壞其萬里長城而不悔。雖曰秦檜奸佞。排斥異己。抑亦高宗性情怯懦忮忌。天然與君子相遠。與小人相近。階之厲也。茲述其事蹟如左。

第二節　李綱黃潛善汪伯彥去留問題

初，金人第二次入寇也。康王構奉使赴金營。至磁州。（今大名道磁縣）守臣宗澤勸王勿行。時金兵前鋒已渡河。遊兵日至磁城下。蹤跡王所在。知相州汪伯彥亟以帛書請王如相。是爲伯彥受知於王之始。　金兵圍京城。詔以構爲天下兵馬大元帥。伯彥澤副之。使盡起河北兵入援。澤領前鋒。屢破金之偏帥。勸王急引兵渡河。伯彥難之。勸王遣澤先行。澤進敗金人於衞州。王聞京師陷。移軍東平。（今山東東臨道東平縣）高陽關路安撫使黃潛善以兵來援。王承制以潛善爲副元帥。是爲潛善受知於王之始。王次於濟州。（今山東濟寧道濟寧縣）金人謀遣兵劫王。王不果。金人劫二帝后妃太子宗戚北去。宗澤聞警。自衞州提軍趨滑。走黎陽。至大名。欲徑渡河。據金人歸路。邀還二帝。檄諸路兵來援。卒無至者。遂不果。

金兵既退。宗澤移兵近畿。將討張邦昌。吏部侍郎呂好問，監察御史馬伸，以大義責邦昌。勸其奉迎康王。邦昌不得已從之。建炎元年五月。王即位於南京。是爲高宗。以黃潛善爲中書侍郎。汪伯彥同知樞密院事。張邦昌爲太保。封同安郡王。貶竄主和大臣李邦彥，李棁，耿南仲等。徵李綱爲尙書右僕射。中丞顏岐奏曰。「張邦昌爲金人所喜。雖已爲三公郡王。宜更加同平章事。李綱爲金人所惡。雖已命相。宜及其未至罷之。」章五上。帝曰。「如朕之立。恐亦非金人所喜。」岐語塞而退。右諫議大夫范宗尹，論綱名浮於實。有震主之威。帝亦不聽。黃潛善汪伯彥，自謂有攀附之勞。擬必爲相。及召綱於外。二人不悅。遂與綱忤。宗澤入朝於行在。陳興復大計。潛善等沮之。出澤知襄陽府。旋進潛善門下侍郎。伯彥知樞密院事。共秉國政。

是年六月李綱至行在。上疏陳十事。一曰議國是。謂『中國之禦四夷。能守而後可戰。能戰而後可和。而靖康之末皆失之。今莫若先自治。專以守爲策。俟吾政事修。士氣振。然後可議大舉』。二曰議巡幸。謂『車駕不可不一至京師。見宗廟。以慰都人之心。度未可居，則爲巡幸之計。天下形勢。長安爲上。襄陽次之。建康又次之。皆當詔有司預爲之備』此外凡八條。皆關於解決時局之大計。帝採擇其言。安置張邦昌於潭州。貶放其黨與有差。贈死節諸臣官。予謚。綱以河北河東雖屢經金人蹂躪。而州郡多爲朝廷守。兩路士民兵將。皆推豪傑爲首領以抗金兵。多者至數萬。少者不下萬人。宜急派大臣招撫。分兵以援其危急。乃奏以張所爲河北招撫使。王瓔爲河東經制使。傅亮副之。立沿河沿淮沿江帥府。造舟江淮諸州。詔陝西河北京東西路募兵買馬。勸民出財。以張慤同知樞密院事。兼提舉戶部財用。宗澤爲東京留守。時東京荒殘。兵民雜居。盜賊縱橫。澤撫循勞徠。流亡稍集。澤治軍嚴整。招徠豪傑。分屯近畿。爲犄角之勢。人心漸固。累表請帝還京。而帝用黃潛善汪伯彥計。決意幸東南。不報。

澤以岳飛爲統制。屢破金之偏師。飛上書言。『勤王之師日集。宜乘敵怠擊之。黃潛善汪伯彥輩不能承聖意恢復。奉車駕日益南。恐不足繫中原之望。願陛下乘敵穴未固。親率六軍北渡。則將士作氣中原可復。』坐越職言事。奪官。飛歸河北。詣張所。所以王彥爲都統制。飛爲中軍統領。屢破金兵。而潛善伯彥陰主和議。嗾右諫議大夫宋齊愈。上疏論李綱募兵買馬括財三事之非。不報。齊愈旋以黨附張邦昌罪伏誅。潛善伯彥陰勸帝幸揚州以避敵。李綱諫曰。『自古中興之主。起於西北。則足以據中原而有東南。起於東南。則不能復中原而有西北。蓋天下精兵健馬皆在西北。若委中原而棄之。豈惟金人將乘間以擾內地。盜賊亦將蠭起作亂。陛下雖欲還闕而不得矣。』帝乃許幸南陽。以范致虛知鄧州。修城池，繕宮室，輸錢穀，以實之。而潛善伯彥仍主幸揚州之議。綱以去就爭之。是年八月。罷綱提舉洞霄宮。廢招撫經制二司。召傅亮還行在。安置張所於嶺南。凡綱所規劃軍民之政。一切廢罷。太學生陳東，布衣歐陽澈，先後上書。請留綱。而罷潛善伯彥。潛善言於帝。謂若不亟誅。將復鼓衆伏闕。乃並殺二人。尚書右丞許翰請留綱。不許。謂所親曰。『吾與陳東皆爭李綱者。東戮於市。吾在廟堂。可乎。』乃爲東澈著哀辭而入。上章求罷。詔以資政殿大學士提舉洞霄宮。竄李綱於鄂州。旋安置於萬安軍。（今廣東瓊崖道萬寧縣）

李綱既去。帝乃下詔『暫駐淮甸。捍禦稍定。即還京闕。有敢妄議惑衆沮巡幸者。許告而罪之。不告者斬。』宗澤上書力爭。且陳汪黃之罪。不聽。是年十一月。帝如揚州。時兩河雖多陷於金。而其民懷朝廷恩。所在結爲紅巾。出攻城邑。皆用建炎年號。及聞帝南幸。無不解體。

金人聞帝已南竄。遂起燕山等八路民兵。分三道南侵。連陷兩河京西州郡。次年（建炎二年）正月。進犯東京。宗澤力戰。屢破其兵。金人引去。澤上書請帝還京。不報。澤招撫河北群盜。悉降之。和州防禦使馬擴聚兵於眞定五馬山。（在今保定道贊皇縣東）得上皇子信王榛於民間。奉之以總制諸砦。兩河遺民聞風響應。澤募兵儲糧。召諸將約日渡河。諸將皆掩泣聽命。澤乃上疏。大略言，『祖宗基業可惜。陛下父母兄弟蒙塵沙漠。日望救兵。西京陵寢爲賊所占。今年寒食節。未有祭享之地。而兩河二京陝右淮甸百萬生靈陷於塗炭。乃欲南幸湖外。蓋奸邪之臣。一爲賊虜方便之計。二爲奸邪親屬皆已津置在南故也。今京城已增固。兵械已足備。人氣已勇銳。望陛下毋沮萬民敵愾之氣。而循東晉既覆之轍。』奏至。或言信王榛有渡河入汴之謀。是年五月。帝乃降詔擇日還京。既而不果。

是時金兵大舉深入。連破淮北陝西州郡。諸將多敗。詔御營統制韓世忠會宗澤以禦金。澤以王彥爲河北制置使。與諸將聯合。分援河北京西。上書請帝還京。爲後繼。自將諸軍爲前鋒。恢復河北。疏入。黃潛善等忌澤成功。從中沮之。又以郭仲荀爲東京副留守以備澤。澤憂忿成疾。疽發於背。是年七月卒。詔以杜充代之。充酷而無謀。悉反澤所爲。於是豪傑離心。降盜聚城下者復去剽掠矣。

宗室子砥自燕山遁歸。命輔臣問北事甚悉。子砥大畧言，『金人講和以用兵。我國斂兵以待和。昔契丹主和議。女眞主用兵。十餘年間竟滅契丹。今復蹈其轍。譬人畏虎。以肉餧之。食盡終於食人。若設陷穽以待之。然後可以制虎矣。』執政惡其言。出子砥知台州。

殿中侍御史馬伸還自湖南。上疏言黃潛善汪伯彥不法十七事。乞速罷二人政柄。別選賢者。詔黜伸監濮州酒稅。旋以潛善伯彥爲尙書左右僕射。時金兵橫行山東。羣盜蠭起。二人旣無謀畧。專權自恣。東京委之御史。南京委之留臺。泗州委之郡守。言事者不納其說。請兵者不以上聞。金兵日南。而潛善等以爲羣盜李成餘黨。無足慮者。

是時金人已襲破信王榛於五馬山砦。盡陷兩河州郡。進窺京東。陷濟南。襲慶（今濟寧道故兗州府）

等府。前鋒已至淮北。而黃潛善汪伯彥猶欲以和縻金。三年正月。河北制置使王彥入朝。見潛善伯彥。力陳「兩河忠義。延頸以望王師。願因人心大舉北伐。」言辭憤激。二人大怒。勒令致仕。是月。金尼瑪哈陷徐州。諸將韓世忠，劉光世將兵阻淮拒敵。相繼不戰而潰。尼瑪哈遂渡淮。連陷淮東諸郡。趨揚州。帝聞警。率數騎馳至瓜州。（在江蘇淮揚道江都縣南大江北岸運河南口）得小舟渡江。時潛善伯彥方率同列聽浮屠克勤說法。堂吏大呼曰。「駕已行矣。」二人相顧倉皇。乃戎服策馬南馳。居民爭門而出。死者相枕藉。司農卿黃鍔至江上。軍士誤以爲潛善。罵之曰。「誤國誤民。皆汝之罪。」鍔方辨其非是。而首已斷矣。帝奔鎭江。遂如杭州。中丞張澂論二人大罪二十。致陛下蒙塵。天下怨懟。乃罷潛善知江寧府。伯彥知洪州。贈陳東歐陽澈官。召馬伸還朝。時伸已卒。詔贈直龍圖閣。下詔罪己求直言。赦死罪以下。放還士大夫被竄斥者。惟李綱不赦。更不放還。蓋用黃潛善計。罪綱以謝金也。

第三節　趙鼎張浚秦檜進退問題

自是以後。朱勝非呂頤浩相繼爲相。內亂踵作。金人乘釁大舉南侵。杜充棄東京。奔行在。詔以充爲尚書右僕射。兼江淮宣撫使。與劉光世，韓世忠，分屯江東以備金。是年冬。金將烏珠（舊作兀朮）渡江。劉光世引兵遁。杜充叛降於金。金人連陷江東西州郡。進寇浙西。帝奔明州。（今會稽道故寧波府）烏珠陷臨安。（即杭州升府改名）遣兵渡浙追帝。帝航於海。四年正月。金人連破越州明州。遂襲帝於海。帝走溫州。（今甌海道故溫州府）烏珠焚臨安。引兵北還。韓世忠以水兵八千人邀擊於江中。大破之。烏珠走建康。江淮統制岳飛以騎兵三百，步兵三千，邀擊於新城。（在今金陵道句容縣北）大破之，建康不得達。乃復出江中。用閩人王姓計。以火箭焚世忠舟。世忠兵敗。烏珠乃還江北。是役，世忠以八千人拒烏珠十萬之衆。凡四十八日而敗。然自是金人亦不敢復渡江矣。是年九月。金人立叛將劉豫爲齊帝。以河南地與之。朝廷聞之。凡僞仕於豫而其家屬在東南者。悉厚加撫䘏。

是時張浚爲川陝京湖宣撫處置使。治兵於興元。（今漢中道南鄭縣）以東南危急。率師入衛。聞金兵退。乃還。繼聞金兵萃淮上。懼其復擾東南。謀牽制之。欲出兵分道由同州（今陝西大荔縣）鄜（今陝西鄜縣）延（今陝西膚施縣）以擣其虛。烏珠聞警。遂引兵趨陝西。是年九月。浚使都統制劉錫帥陝西五路之師。與烏珠大戰於富平。（今陝西富平縣）敗績。金人盡陷陝西州郡。進窺興元。浚以吳玠爲陝西諸路都統制。守和尚原（在陝西寶雞縣西南）以拒金。玠及其弟璘與金人血戰經年。屢破金兵。烏珠知不可犯。始絕意窺蜀。

自黃潛善汪伯彥去職。朱勝非，呂頤浩，范宗尹，相繼爲宰相。雖數遣使於金。但且守且和。而專意與金人解仇息兵。則自秦檜始。檜在靖康年間爲御史中丞。金人破汴京。執檜。從二帝北去。至燕。依金將達賚。舊作撻懶 達賚信之。及南侵以爲參謀軍事。又以爲隨軍轉運使。建炎四年。達賚攻楚州。今江蘇淮安縣 縱檜南旋。至越州。先見宰執。檜首言。「如欲天下無事。須是南自南。北自北。」而范宗尹及權知三省樞密院事李回素與檜善。力薦其忠。拜禮部尙書。次年。紹興元年 宗尹免。詔以呂頤浩與檜爲尙書左右僕射同平章事。兼知樞密院事。檜欲專權。二年四月。諷帝出頤浩督師鎭江。多引知名士布列淸要以自助。給事中兼侍讀胡安國，以當代名儒出入禁闥。素聞游酢言檜賢。力言於帝。頤浩還京。憾檜排己。欲去之。問計於席益。益曰。「目爲黨可也。今黨魁胡安國在瑣闥。宜先去之。」會頤浩薦朱勝非代已爲都督。命下。安國奏「勝非正位冢司。値苗劉肆逆。貪生苟容。辱逮君父。今强敵憑陵。叛臣不忌。用人得失。係國安危。深恐勝非上誤大計。」帝爲罷都督之命。改兼侍讀。安國復持錄黃不下。頤浩特命檢正黃龜年書行。安國爭之。是年八月。罷安國提舉仙都觀。檜三上章留之。不報。侍御史江躋，左司諫吳表臣，論勝非不可用。安國不當責。於是與張燾，程瑀，胡世將，劉一止，林待聘，樓炤等二十餘人皆坐檜黨落職。檜亦自求去。頤浩諷侍御史黃龜年，劾檜專主和議，沮止國家恢復遠圖，且植黨專權，漸不可長。乃罷檜相，仍榜朝堂，示不復用。 先是范宗尹罷相，檜欲得其位，因揚言曰。「我有二策，可聳動天下。」或問何不言。檜曰「今無相，不可行也。」帝聞而用之。檜欲以河北人還金，中原人還劉豫。帝曰「檜欲南人歸南，北人歸北，朕北人將安歸。」檜語乃塞。至是詔以此意播告中外，人始知檜之姦。

是年九月，以朱勝非爲尚書右僕射，同平章事，兼知樞密院事。頤浩，勝非俱不滿意於張浚。乃以王似爲川陝宣撫處置副使，召浚還行在，罷其兵柄，居之福州。 三年九月，頤浩免。四年三月，以趙鼎參知政事。勝非忌鼎。是年八月，出鼎都督川陝荊襄諸軍事。鼎辭以非才。帝曰。「四川全盛半天下之地，盡以付卿，黜陟專之可也。」鼎條陳便宜，復爲勝非所抑。乃上疏言「頃者陛下遣張浚出使川陝，國勢百倍於今。浚有補天浴日之功，陛下有礪山帶河之誓，君臣相信，古今無貳。而終致物議，以被竄逐。夫喪師失地，浚誠有之，然未必如言者之甚也。大抵專黜陟之典，受不御之權，則小人不安其分。謂爵賞可以苟求。一不如意，便生觖望。是時蜀士至於醵金募人詣闕訟之。以無爲有。何以自明。故有志之士。欲爲國立事者。每以浚爲戒。今臣無浚之功。當此重責。去朝廷遠。恐好惡是非。行復紛紛於聰明之下矣。望閔臣孤忠。使得展布四體。少寬陛下西顧之憂。』又言『臣所請兵。不滿數千。半皆老弱。所齎金帛至微。薦舉之人。除命甫下。彈墨已行。臣日侍宸扆。所陳已艱難。況在萬里之外乎。』會劉豫與金人聯兵入寇。勝非力求去。是年九月。罷勝非。以鼎爲尚書右僕射同平章事。兼知樞密院事。金兵日迫。羣臣勸帝他幸。散百司以避之。鼎曰。『戰而不捷。去未晚也。』帝以爲然。遂議親征。史館校勘喻樗謂鼎曰。『六龍臨江。兵氣百倍。然公自度此舉果出萬全乎。抑姑試一擲也。』鼎曰。『中國累年退避不振。敵情益驕。義不可更屈。故贊上行耳。』樗曰。『然則當思歸路耳。張德遠有重望。若使宣撫江淮荊浙福建。俾以諸道兵赴闕。則其來路即朝廷歸路也。』鼎然之。入言於帝。遣使召浚於福州。拜知樞密院事。使視師江上。鼎奉帝親征。次於平江。（今江蘇蘇常道即故蘇州府）諸大將韓世忠岳飛等屢破金兵。金人聞浚至。乃引還。五年二月。帝還臨安。以鼎浚爲尚書左右僕射。並同平章事。兼知樞密院事。都督諸路軍馬。浚常處外。與諸大將聯絡。經畧中原。六年。會師於江上。將討劉豫。豫欲先發制人。是年十月。使其子麟任猊率師分道寇淮西。浚使諸將楊沂中等大破其兵於藕塘。（在今安徽淮泗道定遠縣東）麟等引還。

初，鼎浚之初入相也。喻樗曰。『二人宜且同在樞府。他日趙退則張繼之。立事任人。勿甚相遠。則氣脈長。若同處相位。萬一不合而去。則必更張。是賢者自相背戾矣』。及浚視師江上。遣都督府參議軍事呂祉入奏事。所言誇大。鼎每抑之。帝謂鼎曰。『他日浚與卿不和。必呂祉也』。既而浚因論事。語意微侵鼎。鼎遂求去。會浚還自鎭江。奏請乘勝攻河南。而車駕幸建康。又言淮西宣撫使劉光世，驕惰不戰。請罷其軍政。鼎不以爲然。求去益力。是年十二月。罷鼎知紹興府。七年三月。罷光世兵柄。命呂祉節制其軍。於是浚遂獨相。

帝之初即位也。數募人使金。稱臣奉表以求緩師。且請還二帝。金人不允。使者多被拘囚。建炎元年。朝奉郎王倫奉使至金。尼瑪哈拘之雲中。倫久困思歸。乃倡爲和議。紹興二年。尼瑪哈使倫歸議和。入對。言金人情僞甚悉。帝優奬之。時方議討劉豫。和議中格。三年。簽書樞密院事韓肖胄還自金。尼瑪哈遣使偕來。請還劉豫之俘及西北士民之在南者。且欲畫江以益劉豫。與秦檜前議吻合。殿中侍御史常同言。『先振國威，則和戰常在我。若一意議和，則和戰常在彼。靖康以來分爲兩事。可爲鑒戒。」帝不聽。續遣樞密都承旨章誼使金。請還兩宮及河南地。尼瑪哈不許。四年。誼還行在。復遣吏部員外郎魏良臣使金。尼瑪哈言。「當割建州以南王爾家。爲小國。索銀絹千萬犒軍。」良臣還。會趙鼎入相。屢敗金兵。和議復中輟。五年。遣忠訓郎何蘚使金。中書舍人胡寅上疏言。「女眞驚動陵寢。戕毀宗廟。劫質二帝。塗炭生民。乃陛下之大讎也。自建炎丁未至紹興甲寅。卑辭厚禮。以問安迎請爲名而遣使者。不知幾人矣。知二帝之所在。見二帝之面。得女眞之要領。因講和而能息兵者誰歟。但見通和之使歸。求息肩。而黃河長淮大江相繼失險矣。夫女眞知中國所重在二帝。所恨在劫質。所畏在用兵。則常示欲和之端。增吾所重。平吾所恨。匿吾所畏。而中國坐受此餌。既久而後悟也。天下其謂自是改圖矣。何爲復出此謬計耶。苟曰姑爲是。豈有修書稱臣。厚費金帛而成就一姑息之事也。苟曰以二帝之故。不得不然。則前效可考矣。」疏入。詔褒諭之。會張浚奏言。「使事兵家機權。後將闢地復土。終歸於和。未可遽絕。」乃遣蘚行。寅因乞外。出知邵州。（今湖南湘江道寶慶縣即故寶慶府邵陽縣）

秦檜自被斥後。會與金議和。稍復其官。又以張浚薦。授醴泉觀使。兼侍讀。紹興六年。劉豫遣兵入寇。帝自將幸平江。爲諸將聲援。瀕行。以檜爲行營留守。參決尚書省樞密院事。七年。授樞密使。於是檜復入政府。　是年八月。淮西副統制酈瓊殺呂祉。擁衆叛降劉豫。張浚自以措置乖方。引咎辭職。帝問誰可代者。且曰。「秦檜何如。」浚曰。「近與共事。方知其闇。」帝曰。「然則用趙鼎耳。」乃罷浚。而以鼎爲尚書左僕射同平章事。兼樞密使。言者論浚不已。欲遠竄之。鼎力爲解釋。乃貶秘書少監。安置永州。(今湖南衡陽道零陵縣即故永州府)

是年閏十月。金人廢劉豫。是時王倫復奉使如金。金人遣倫還。許還徽宗帝后梓宮，及帝生母韋太后。且許歸河南地。帝大喜。復使倫如金奉迎梓宮。

初，張浚常與趙鼎論人才。浚極稱檜善。鼎曰。「此人得志。吾輩無所措足矣。」及鼎再相。檜在樞密。一惟鼎言是從。鼎由是深信之。言檜可大任於帝。八年三月。復以檜爲尚書右僕射。同平章事。兼樞密使。與鼎並相。制下。朝士相賀。獨吏部侍郎晏敦復有憂色曰。「姦人相矣。」聞者皆以其言爲過。

是年五月。王倫偕金使來。許還河南陝西地。秦檜復請遣倫如金。定和議。左正言辛次膺上書力諫。不報。

參知政事劉大中與趙鼎不主和議。秦檜忌之。薦蕭振爲侍御史。劾大中。罷之。帝意不樂鼎。給事中勾濤因詆鼎結臺諫及諸將。鼎引疾求退。是年十月。罷鼎知紹興府。鼎入辭。言於帝曰。「臣去後，必有以孝悌之說脅制陛下者。」將行。檜率執政餞之。鼎不爲禮。一揖而去。檜益憾之。　檜知帝意不移。始出文字。乞決和議。引勾龍如淵爲御史中丞。相與排斥異議者。稍稍逐之。以孫近參知政事。

是月。金以張通古爲江南詔諭使。來言歸河南陝西地。至臨安。要帝待以客禮。詔秦檜攝冢宰。詣館受書。禮部侍郎兼直學士院曾開當草國書。辨視體制非是。論之。不聽。遂請罷。改兼侍讀。於是開與從官張燾晏敦復等二十人。皆上書極言不可和。樞密院編修官胡銓上書曰。「臣謹按王倫本一狎邪小人。市井無賴。頃緣宰臣無識。舉以使金。專務詐誕。欺罔天聽。今者無故誘致金使。以詔諭江南爲名。是欲劉豫我也。陛下奈何以祖宗之天下爲金人之天下。以祖宗之位。爲金藩臣之位。異時豺狼無厭之求。安知不加我以無禮如劉豫者哉。今倫之議曰。我一屈膝。則梓宮可還。太后可復。淵聖可歸。中原可得。嗚呼。自變政以來。主和議者。誰不以此說啗陛下哉。然而卒無一驗。則敵之情僞已可知矣。而陛下尚不覺悟。竭民膏血而不恤。忘國大讎而不報。含垢忍恥。舉天下臣之而甘心焉。可爲痛哭流涕長太息矣。臣竊謂不斬王倫。國之存亡未可知也。秦檜以腹心大臣不能致君如唐虞。欲導陛下如石晉。孫近傅會檜議。遂得參政。伴食中書。漫不敢可否。檜曰可和。近亦曰可和。檜曰天子當拜。近亦曰當拜。嗚呼。參贊大事。徒取充位如此。有如敵騎長驅。尚可折衝禦侮耶。臣竊謂檜近亦可斬也。臣備員樞屬。義不與檜等共戴天。區區之心。願斷三人頭。懸之藁街。然後羈留金使。責以無禮。徐興問罪之師。則三軍之士不戰而氣自倍。不然。臣有赴東海而死，寧能小朝廷求活耶。」書上。檜以銓狂妄凶悖。鼓衆劫持。詔除名。編管昭州。仍降詔播告中外。給舍臺諫及朝臣多救之。檜迫於公論。改銓監廣州都鹽倉。宜興進士吳師古鋟銓疏於木。坐流袁州。朝士陳剛中屬啓事賀銓之謫。坐貶知虔州安遠縣。皆卒於配所。樞密副使王庶力言金不可和。詔罷庶知潭州。故相李綱時在福州。張浚在永州。皆上疏力爭。不報。淮東京東宣撫使韓世忠，湖北京西宣撫使岳飛，亦先後上疏力爭。亦不報。

九年三月。金人來歸河南陝西地。詔以王倫爲東京留守。交割地界。遣判大宗正寺事士㒟，兵部侍郎張燾，詣河南修奉陵寢。自永昌而下。皆遇發掘。而哲宗陵至暴露。燾還臨安。上奏曰。「金人之禍。上及山陵。雖殄滅之。未足以雪此恥。復此讎也。必不可恃和盟而忘復讎之大事」。帝問諸陵寢何如。熹不對。惟言「萬世不可忘此賊」。帝默然。秦檜患之。出熹知成都府。權吏部尚書晏敦復力詆和議之非。黜知衢州。（今浙江金華道衢縣）

是時秦檜議撤淮南守備。奪諸將兵權。參知政事李光極言「戎狄狼子野心。和不可恃。備不可撤」。復折檜於帝前曰。「觀檜之意。是欲壅蔽陛下耳目。盜弄國權。懷姦誤國。不可不察」。檜大怒。是年十二月。出光知紹興府。旋改提舉洞霄宮。

十年五月。金將烏珠撤离喝分道入寇。復陷河南陝西州郡。秦檜以其言不售。甚懼。使給事中馮檝探上旨。檝入見曰。「金人長驅犯順。勢必興師。如張浚者且須以戎機付之」。帝正色曰。「寧至覆國。不用此人」。檜聞之喜。

先是趙鼎在紹興。秦檜惡其偪己。徙知泉州。又諷司諫謝祖信等論鼎。罷爲提舉洞霄宮。鼎自泉還。復上書言時政。檜忌其復用。諷中丞王次翁等誣以罪。謫居潮州。次翁因金人敗盟。懼檜得罪。言於帝曰。「前日國是。初無主議。事有小變。更用他相。後來者未必賢。而排黜異黨。紛紛累日不能定。願陛下以爲至戒」。帝深然之。檜聽其言。引次翁參知政事。秘閣修撻張九成等七人皆言和議非計，檜怒貶其官。

是時諸大將吳璘敗金人於扶風。（今關中道扶風縣）田晟敗金人於涇州。（今涇原道涇川縣）撒离喝走鳳翔。劉錡大敗金人於順昌。（今淮泗道故潁州府）烏珠走汴。韓世忠復海州。王德復宿州。岳飛連敗金人於京西。恢復河南州郡。進兵至郾城。（今開封道郾城縣）大破烏珠兵。兩河豪傑聞風響應。遂復懷衞州。斷金人山東河北之道。中原盡磁相澤潞晉絳汾隰之境。皆期日興兵與官軍會。自燕以南。金人號令不行。烏珠大恐。欲棄汴北走。飛大喜。語其下曰。『直抵黃龍府。與諸軍痛飲耳。』方指日渡河。而秦檜欲畫淮以北與金和。諷臺臣請班師。飛奏，『金人銳氣阻喪。盡棄輜重。疾走渡河。而我豪傑聞風。士卒用命。時不再來。機難輕失。』檜知飛志銳不可回。乃先請諸大將張俊楊沂中等歸。而後上言飛孤軍不可久留。乞速詔還。飛一日奉十二金字牌。乃憤惋泣下。東面再拜曰。『十年之功。廢於一旦。』遂自郾城引兵還。民從而南歸者如市。烏珠遣兵追之。不及。而河南新復府州皆復爲金有。金人追敗楊沂中兵屠宿州。次年（十一年）正月。陷壽春。遂渡淮。入廬州。詔張浚楊沂中還兵救淮西。復詔韓世忠救之。命岳飛進兵江州。二月。沂中與劉錡敗烏珠於柘皋。（在今安慶道巢縣西北）遂復廬州。三月。詔俊沂中錡班師。金人乘虛昭濠州。俊使沂中救之。敗績。乃與錡皆渡江而南。韓世忠引兵來援。戰於濠州城下。不利而退。岳飛帥兵救濠州，不及。還次舒州。烏珠聞飛至。乃渡淮北去。

秦檜力主和議。恐諸將難制；欲盡收其兵權。給事中范同獻計於檜。請除淮東宣撫使韓世忠淮西宣撫使張俊，湖北京西宣撫使岳飛樞府。則兵柄自解。檜喜奏請徵三大將入朝。以世忠俊爲樞密使。飛爲副使。旋罷三宣撫司。以其兵隸御前。解劉錡兵柄。命知荊南府。進檜尙書左僕射。以同參知政事。

第四節　岳飛之獄

岳飛素以恢復爲己任。不肯附和議。劉豫之南寇也。飛敗其兵於唐州。恢復河南西部州郡。上書請進兵恢復中原。帝不許。飛乃還鄂。　紹興七年。飛上書謂『錢塘僻在海隅。非用武地。願建都上游，親率六軍往來督戰。庶將士知聖意所向。人人用命。』不報。　劉豫之廢也。飛奏，『乘廢豫之際。擣其不備。長驅以取中原。』韓世忠亦上疏言，『機不可失。請全師北討。』不報。　和議之成也。飛上言。『金人不可信。和好不可恃。相臣謀國不臧。恐貽後世譏。』秦檜銜之。及赦文至鄂。飛又上疏力陳和議之非。至有『願定謀於全勝。期收地於兩河。唾手燕雲終欲復讎而報國。誓心天地尙令稽首以稱藩』之語。檜銜怒。遂成讎隙。和議成。例加爵賞。飛加開府儀同三司。力辭言『今日之事可危而不可安。可憂而不可賀。可訓兵飭士謹備不虞。而不可論功行賞取笑敵人』三詔。不受。帝溫言獎諭之。飛不得已受命。

士㒟張燾詣河南修奉陵寢。飛請以輕騎從灑掃。實欲觀釁以伐謀。檜忌飛成功。白帝不許。

郾城之捷。烏珠大恐。欲棄汴北走。有書生扣馬曰。『太子毋走。岳少保且退矣。自古未有權臣在內而大將能立功於外者。岳少保身且不免。况欲成功乎』。烏珠悟。遂留不去。飛還至鄂。力請解兵柄。不許。

烏珠遺檜書曰。『汝朝夕以和請。岳飛方爲河北圖。必殺飛。始可和』。檜亦以飛不死。終梗和議。己必及禍。遂諷中丞何鑄。侍御史羅汝楫。諫議大夫万俟卨交章論飛。罷爲萬壽觀使奉朝請。

張俊素忌飛。檜與俊謀。誣飛部將張憲謀據襄陽。還飛兵柄。逮憲至臨安。矯詔下飛及其子雲於大理寺獄。命何鑄與大理卿周三畏鞫之。鑄察其寃。白檜。檜曰。『此上意也』。鑄曰。『鑄豈區區爲岳飛者。强敵未滅。無故戮一大將。失士卒心。非社稷之長計』。檜語塞。乃改命万俟卨。大理寺卿薛仁輔。寺丞李若樸。何彥猷。皆言飛無辜。判宗正寺事齊安王士㒟請以百口保飛無他。且曰。『中原未靖。禍及忠義。是忘二聖不欲復中原也。」皆不聽。韓世忠心不平。詣檜詰其實。檜曰。「飛子雲與張憲書雖不明。其事莫須有。」世忠曰。「莫須有三字。何以服天下也。」

是年十月。以魏良臣爲金國稟議使。奉表請和於金。韓世忠深以和議爲不然。抗疏言秦檜誤國之罪。檜諷言官論之。罷爲醴泉觀使。

是年十一月。烏珠遣使與魏良臣偕來。議以淮水爲界。京西割唐鄧二州。陝西割商秦之半，及隴西成紀餘地。以大散關（在今陝西關中道寶雞縣西南）爲界。歲貢銀絹各二十五萬。仍許歸梓宮太后。帝悉從其請。以何鑄簽書樞密院事。奉表稱臣於金。

十二月。秦檜使人殺岳飛於大理獄。雲與張憲皆棄市。幕屬于鵬等從坐者六人。籍飛家貲徙之嶺南。薛仁輔李若樸何彥猷皆免官。放齊安王士㒟於建州。卒於配所。布衣劉允升上書訟飛冤。下大理獄死。凡傅成其獄者皆進秩。何鑄還自金。檜恨其不傅會岳飛之獄。諷万俟卨論其過。責授秘書少監。安置徽州。

初，知商州（今陝西關中道商縣）邵隆在州十年。披荆榛瓦礫以爲治。招徠流散。屢破金兵。值和議成。割商與金。隆常怏怏。徙知金州。（今陝西漢中道興安縣）嘗以兵出虜境。秦檜恨之。徙知敍州。（今四川永寧道宜賓縣陰使人酖殺之。

十二年。金遣使來以兗冕册帝爲大宋皇帝歸徽宗鄭太后及皇后邢氏之喪。送帝生母韋太后還臨安。自是兩國信使往來不絕。詔加秦檜太師封魏國公。旋進封秦魏兩國公檜以封兩國與蔡京同。辭不拜。

第五節　李孟堅之獄王之奇之獄與趙汾之獄

秦檜忌王庶李光諷中丞万俟卨論光陰懷怨望。十一年冬。安置光於藤州。今廣西蒼梧道藤縣守臣希檜旨以光詩有諷刺者獻於檜。檜怒。令言者論之再竄瓊州。今廣東瓊崖道瓊山縣十二年夏。安置庶於道州。今湖南衡陽道道縣

檜怨趙鼎不附和議。凡鼎所善者。如張九成折彥質等皆指爲鼎黨。貶斥之。鼎在潮州今廣東潮循道潮安縣五年。杜門謝客。時事不掛口。有問者引咎而已。十四年秋。中丞詹大方希檜意劾鼎與其黨范冲，邪謀密計。轉相煽惑。徙鼎於吉陽軍。今廣東瓊崖道瓊縣十五年秋。張浚因星變言事。檜令中丞何若劾之。放之連州。今廣東嶺南道連縣旋徙永州。以其死黨張柄知潭州。與郡丞汪召錫共伺察之。

趙鼎至吉陽。潛居深處。門人故吏皆不敢通問。惟廣西帥張宗元時饋醪米。會降旨趙鼎，李光，遇赦永不檢舉。且令本軍月具存亡申省。鼎遣人語其子汾曰。「秦檜必欲殺我。我死。汝曹無患。不爾。禍及一家矣。」遂不食而死。天下聞而悲之。時紹興十七年秋八月也。參知政事段拂聞鼎死。爲之歎息。秦檜怒。使侍御史余堯弼論拂。免其官。安置興國軍。（今湖北江漢道陽新縣即故興國州）四川宣撫副使鄭剛中，治蜀有方畧。檜忌之。使人求其陰事。召還。責桂陽軍（今湖南衡陽道桂陽縣）安置。浙東副總管李顯忠熟知西邊山川險易。因上恢復策。檜惡之。降官奉祠。居之台州。（今浙江會稽道臨海縣）檜忌胡銓。諷司諫羅汝楫論銓飾非橫議。竄之新州。同郡王廷珪常以詩贈銓。坐流辰州。（今湖南辰沅道沅陵縣）十八年冬。新州守張棣承檜旨。論銓與客唱酬。謗訕怨望。詔送海南編管。

李光在瓊州。常作私史。其仲子孟堅爲所親陸升之言之。升之訐其事。秦檜命兩浙轉運副使曹泳究實。泳言孟堅省記父光所作小史。語涉譏訕。二十年春。下孟堅於大理獄。流之峽州。（今湖北荊南道宜昌縣）詔光遇赦永不檢舉。於是胡寅，程瑀，潘良貴，宗穎，張燾，許忻，賀允中。吳元許八人皆緣坐降責有差。從政郎楊煒，常州通判沈長卿，舊與李光言和戎非便。知雷州王趯求內徙光皆坐貶。太常主簿吳光美作夏二子傳指蚊蠅也其鄉人告之以爲譏毀大臣。又言其家有亭號潛光有心於黨李堂名商隱無意於事。檜大怒竄之容州。今廣西蒼梧道容縣

王庶卒於貶所其子之奇之荀撫棺而哭曰『秦檜秦檜此讐必報。』親舊皆掩其口曰。『禍不遠矣。』二十二年春。爲人所告坐謗朝廷。編管之奇於梅州。今廣東潮循道梅縣即故嘉應州之荀於容州。又以直龍圖閣葉三省監都作院王遠嘗通書庶及趙鼎力詆和議。安置三省於筠州。今江西廬陵道高安縣遠於高州。今廣東高雷道茂名縣

秦檜於所居之一德格天閣書趙鼎李光胡銓姓名。必欲殺之。及鼎死而憾不已。江西運判張常先，箋注前帥張宗元與張浚詩言於胡其詞連逮者數十家。將誣以不軌而盡去之。會汪召錫告宗室知泉州令衿觀檜家廟記口誦君子之澤五世而斬。謫居汀州。今福建汀漳道長汀縣

檜乃諷殿中侍御史徐嚞論趙汾與令衿飲別厚贐。必有姦謀。二十五年秋。逮汾令衿下大理獄鞫問。使汾自誣與張浚李光胡寅胡銓等五十三人謀大逆。將駢誅之。獄成而檜病。不能書矣。

是年十月。檜疾篤。詔進封檜建康郡王。加其子熺少師。幷令致仕。是夕。檜死。臺諫湯鵬舉等累疏言檜之姦。請逐其親黨。詔安置戶部侍郎曹泳於新州。罷端明殿學士鄭仲熊等四人。徙侍御史徐嚞，正言張扶爲他官。罷知建康府王會等六人。竄呂愿中等於遠州。秦塤曹冠等俱以檜子孫親戚濫科。革正之。莫及張常先等八人。並以告訐濫叨官爵。送遠郡編管。旋釋趙汾李孟堅王之奇等。並令自便。十二月。復張浚胡寅張九成等三十九人官。徙李光胡銓於近州。二十六年正月。追復趙鼎鄭剛中等官。於是中外諸臣。凡爲檜所誣陷者。皆以次昭雪。三十二年夏。帝傳位於太子。太子卽位。是爲孝宗。追復岳飛官。以禮改葬。官其子孫六人。於是岳忠武王之冤亦昭雪矣。

檜居相位十九年。倡和誤國。忘讎斁倫。包藏禍心。劫制君父。性陰險深阻。如崖穽不可測。同列論事上前。未嘗力辨。但以一二語傾擠之。俾帝自怒。一時忠臣良將。誅鋤畧盡。其頑鈍無恥者。率爲檜用。爭以誣陷善類爲功。凡無罪可狀者。則曰「立黨沽名」。曰「訕謗」。曰「指斥」。甚則曰「有無君心」。凡論人章疏。皆檜自操以授言官。識之者曰。「此老秦筆也」。晚年殘忍尤甚。屢興大獄。察事之卒。布滿京城。稍議之者卽捕治。中以深文。專務羅織。

執政惟取備員甫入輒出立久任之說士淹滯失職有十年不調者然附之則立與擢用開門受賂富敵於國外國珍寶死猶及門陰結內侍及醫師王繼先伺上微旨動靜必具知之郡國事惟中省無至上前者檜每事與帝爭勝曹筠言水漲詔逐之檜陞爲從官周葵欲言梁汝嘉檜不待帝言即改除之由是張扶請檜乘金根車呂愿中獻秦城王氣詩其勢漸不可制檜既死帝謂楊存中（即沂中改名）曰今日始免防檜逆謀矣

第八章 南宋中年僞學之禁

第一節 僞學之禁之由來

政爭之劇烈。黨禍之頻繁。爲有宋一代特色。政治上有黨禍。學術上亦有黨禍。學術上之黨禍。時常隨政治上之黨禍爲轉移。政治上占優勝地位者。其學術常爲社會所尊崇。政治上居劣敗地位者。其學術常爲社會所鄙棄。以政治上之實力左右學術。崇拜其人者。并其學術而提倡之。鄙夷其人者。并其學術而禁錮之。此種局面實創始於宋。前此所未聞也。北宋政治上之黨禍。始於王安石之創行新法。終於蔡京之排斥正人。而北宋以亡。南宋政治上之黨禍。始於汪黃之反對李綱宗澤。甚於秦檜之謀害趙鼎張浚岳飛。而南宋以弱。學術上之黨禍。始於蔡京排斥元祐諸賢。禁其學說。甚於秦檜之禁絕程學。及韓侂胄當國。反對朱子。並其門人與私淑弟子一同禁錮之。號爲僞學。而其禍極矣。蓋權相最不滿意於清議。書生好持正論。動輒招權相之忌。目爲朋黨。只能排斥政界諸人。學界之莘莘士子無恙。其主持清議自若也。惟稱以僞學。則教育家，著述家，研究家，胥在朝在野。皆包括於其內。而一網打盡矣。茲述其事蹟如左。

第二節 僞學之禁以前王學派與程學派之傾軋

初，神宗篤意儒學。從王安石議。罷詩賦及明經諸科。專以經義論策試士。增修太學。安石與其子雱及呂惠卿。訓釋詩書周禮。頒於學官。號曰三經新義。主司純用以取士。先儒傳註一切廢棄。是爲以國力推行王學之始。又罷春秋不列於學官。安石又以字學久不講。作字說以進。多穿鑿附會。糅雜佛老。

哲宗元祐中。舊黨內閣成立。罷新法。立十科取士法。置春秋博士。禁科舉引用字說及佛老之書。解經參用諸儒學說。毋得專取王氏。又復詩賦與經義並行。立爲兩科。於是王氏學說受一打擊。

紹述之論起。罷十科舉士法。詔進士罷詩賦。專習經義。除字說之禁。復廢春秋科。國子監請以安石所撰字說洪範傳，及王雱論語孟子義，刊板傳學者。學校學子之文靡然從之。於是王學復盛。

徽宗崇寧中。再倡紹述。蔡京當國。罪狀元祐諸賢。謂之姦黨。禁其學術。毁范祖禹唐鑑，及三蘇黃庭堅秦觀文集。言者謂故直秘閣程頤邪說詖行。惑亂衆聽。而尹焞張繹爲之羽翼。

詔河南府悉逐學徒。其所著書令監司嚴加覺察。是爲以國力排斥程學之始。尋以安石配享孔子。位次孟子。追封舒王。子雱爲臨川伯。從祀孔廟。宣和中再禁元祐學術。舉人傳習者以違制論。閩人印造司馬光等文集。詔毀其版。有收藏習用蘇黃之文者。並令焚毀。犯者以大不恭論。

靖康難起始除元祐黨籍學術之禁。復置春秋博士。禁用王氏字說。國子祭酒楊時上書。謂「安石著爲邪說。以塗學者耳目。敗壞其心術。伏望追奪王爵。明詔中外。毀去配享之像。使邪說淫辭不爲學者之惑。」詔罷安石配享。降居從祀之列。於是王氏學說又受一次打擊。是時諸生習用王氏學以取科第者已數十年。忽聞楊時目爲邪說。羣論籍籍。御史中丞陳過庭，諫議大夫馮澥上疏詆時。詔罷時祭酒。改給事中。時力辭。遂以徽猷閣待制致仕。

高宗卽位。科舉兼用經義詩賦。復十科取士法。是時王學程學並行於朝野。而程門諸子楊時尹焞等爲世所重。吏部員外郎陳公輔不喜專門之學。上疏言「安石政事壞人才。學術壞人心。三經字說。詆誣聖人。破碎大道。非一端也。春秋正名分。定褒貶。俾亂臣賊子懼。安石使學者不治春秋。史漢載成敗安危存亡理亂。爲世龜鑑。安石使學者不讀史漢。楊雄不死王莽之篡。而著劇秦美新之文。安石乃曰合於孔子無可無不可之義。馮道事四姓八君。安石乃曰吾避難以存身。使公卿皆師安石之言。宜其無氣節忠義也。」疏入。帝大喜。授左司諫。公輔復上書言「今世取程頤之說。謂之伊川之學。相率從之。倡爲大言。謂堯舜文武之道傳之仲尼。仲尼傳之孟軻。孟軻傳之頤。頤死遂無傳焉。狂言怪語淫說鄙論。曰此伊川之文也。幅巾大袖高視闊步。曰此伊川之行也。師伊川之文。行伊川之行。則爲賢士大夫。捨此皆非也。乞禁止之。」遂詔「士大夫之學。宜以孔孟爲師。庶幾言行相稱。可濟時用。」時方召尹焞爲崇政殿說書。胡安國提舉萬壽觀。兼侍讀。安國聞公輔乞禁程氏學。乃上疏言。「孔孟之道。不傳久矣。自頤兄弟始，發明之。然後知其可學而至。今使學者師孔孟。而禁從頤學。是入室而不由戶也。夫頤於易因理以明象。而知體用之一原。於春秋，見於行事。而知聖人之大用。諸經語孟，皆發其微旨。而知其入德之方。則狂言怪語。豈其文哉。孝弟顯於家。忠誠動於鄉。非其道義。一介不以取與。則高視闊步。豈其行哉。自嘉祐以來。西都有邵雍程顥及其弟頤。關中有張載。皆以道德名世。著書立言。公卿大夫所欽慕而師尊之。及王安石蔡京等曲加排抑。故其道不行。望下禮官。討論故事。加之封爵。載在祀典。仍詔館閣裒其遺書。羽翼六經。使邪說者不得作。而道術定矣。」疏入。公輔與中丞周秘，侍御史石公揆，交章論安國學術頗僻。除知永州。安國辭不就。旋以尹焞提舉萬壽觀兼侍講。焞辭不拜。

和議既定。詔諸州修學宮。又建太學。養士七百人。別立宗學。以教諸宗子。蓋秦檜以之粉飾太平也。檜惡士論不服己。力擯正人。右正言何若希檜旨上書。指程頤張載遺書爲專門曲學。請戒內外師儒之官。力加禁絕。檜從之。自是程學爲世大禁者十餘年。及檜死。始解。

第三節　僞學之禁之始末

自程顥程頤學於周敦頤。傳孔孟千載之學。其門人楊時傳之羅從彥。從彥傳之李侗。朱熹師侗。其書大要格物以致其知。反躬以養其性。而以居敬爲主。蓋本於二程之說而發揮光大之。故尤有盛名。流俗醜正。多不便之。遂有道學之目。陰以攻詆。孝宗即位。熹應詔上書陳時政得失。宰相湯思退方主和議。不悅。熹除武學博士。旋罷歸。陳俊卿劉珙梁克家秉政。屢薦熹。授樞密院編修官。辭不就。淳熙三年。（孝宗十四年）召熹爲秘書郎。復力辭不至。史浩秉政。薦熹知南康軍。再辭。不許。乃就職。値歲不登。講求荒政。多所全活。五年。侍御史謝廓然請禁有司毋以程頤王安石之說取士。秘書郎趙彥中復上疏排斥洛學。帝從之。七年。以熹提舉江西常平茶鹽。八年。浙東大飢。宰相王淮薦熹。改提舉浙東常平茶鹽。熹單車之任。凡政有不便於民者。悉釐革之。郡縣官吏憚其風采。至自引去。所部肅然。行部至台州。知州唐仲友爲其民所訟。熹按得其實。上疏劾之。而仲友與王淮同里。（浙江金華人）且爲姻家。已除江西提刑。未行而熹論之。淮匿其章不以聞。熹論益力。章前後六上。淮不得已。奪仲友江西新命以與熹。熹辭不拜。淮深怨熹。欲沮其進用。吏部尙書鄭丙，監察御史陳賈希淮旨。請禁道學。帝從之。由是道學之名貽禍於世。直學士院尤袤言於帝曰。「道學者。堯舜所以帝禹湯文武所以王周公孔孟所以設敎。近立此名詆訾士君子。故臨財不苟得所謂廉介。安貧守道。所謂恬退。擇言顧行。所謂踐履。行已有恥。所謂名節。皆目之爲道學。此名一立。賢人君子欲自見於世。一舉足且入其中。俱無得免。此豈盛世所宜有。願循名責實。聽言觀行。人情庶不懷於疑似。」帝不能從。

十五年。王淮罷。右丞相周必大薦熹。徵入奏事。或要於路曰。「正心誠意之論上所厭聞。愼勿復言。」熹曰。「吾平生所學惟此四字。豈可隱默以欺吾君乎。」及入對。除兵部郎官。林栗論「熹本無學術。徒竊張載程頤之緒餘。爲浮誕宗主。謂之道學。繩以治世之法。則亂人之首也。」帝不悅。出熹爲江西提刑。周必大與左補闕薛叔似，太常博士葉適，皆上書代熹剖辨。侍御史胡晉臣復上劾疏栗「喜同惡異。無事而指學者爲黨。」乃出栗知泉州。（今福建廈門道晉江縣）熹亦力辭不拜。

光宗即位。殿中侍御史劉光祖上疏。乞禁譏議道學者。是年。廷試舉人。婺州（今浙江金華道金華縣）進士王介策亦言「今之所謂道學者。即世之君子正人也。君子正人之名不可逐。故設爲此名一網去之。聖明在上。而天下以道學爲諱。將何以立國哉。」帝嘉歎。擢爲第三。由是道學之譏少沮。後以熹知潭州。（事在紹熙四年）

是時孝宗禪位。稱壽皇。居重華宮。光宗有心疾。皇后李氏性妬悍。生嘉王擴。高宗在位時。后常訴帝左右於高宗及壽皇。高宗不懌。壽皇亦屢訓敕。后深以爲憾。及帝即位。后恣橫彌甚，常因內宴請立嘉王擴爲太子。壽皇不許。后曰「妾六禮所聘。嘉王妾親生也。何爲不可。」壽皇大怒。后退。持嘉王泣訴於帝。謂壽皇有廢立意。帝惑之。遂不朝壽皇。后又以黃貴妃有寵。因帝祭太廟。宿齋宮。陰殺貴妃。以暴卒聞。翌日合祭天地。風雨大作。黃壇燭盡滅。不能成禮而罷。帝悲哀震懼。疾增劇。不視朝。政事多決於后。

紹熙五年光宗五年正月。壽皇寢疾。羣臣請帝省視。不報。而與后幸玉津園。六月。壽皇崩。帝稱疾不出治喪。丞相留正請立嘉王擴爲太子。代行喪禮。不許。知樞密院事趙汝愚密建內禪之意。遣知閤門事韓侂胄入奏太皇太后吳氏。高宗后侂胄琦五世孫太后女弟之子也請太皇太后垂簾。引嘉王擴入即位。是爲寧宗。尊光宗爲太上皇帝。立侂胄從女韓氏爲皇后。侂胄欲推定策功。汝愚曰：「吾宗臣，汝外戚也。何可以言功。」乃加侂胄汝州防禦使。侂胄大失望。然以傳導詔旨寖見親幸。時時乘間竊弄威福。

先是帝在嘉王府時。翊善黃裳直講彭龜年數稱道朱熹之賢。帝心嚮慕之。至是趙汝愚首薦熹。乃召爲煥章閣待制。兼侍講。　是時韓侂胄寖謀預政。留正每裁抑之。侂胄怒。間之於帝。罷正知建康府。引其黨劉德秀劉三傑等居言路。相與排斥正人。右正言黃度將上疏論之。侂胄覺其意。出度知平江府。　朱熹憂其害政。約吏部侍郎彭龜年同劾侂胄。會龜年出護使客。不果。熹每因進對。爲帝剴切言之。侂胄怒。使優人峩冠闊袖。象大儒。戲於帝前。因乘間言熹不可用。罷熹經筵。趙汝愚廷諍。帝不省。中書舍人陳傅良封還錄黃。起居郎劉光祖，起居舍人鄧馹，御史吳獵，吏部侍郎孫逢吉，監登聞鼓院游仲鴻，交章留熹。皆不報。傅良光祖亦坐罷工部侍郎黃艾因侍講問逐熹之驟。帝曰。『始除熹經筵耳。今乃事事欲與聞。』艾力辨其故。帝不聽。旋進侂胄樞密都承旨。侍講彭龜年條奏其姦。請去之。詔出龜年於外郡。給事中林大中，中書舍人樓鑰，繳奏以爲非是。不聽。參知政事陳騤持不可。並罷騤。而以侂胄黨京鏜代之。

侂胄欲去趙汝愚而難其名。謀於京鏜。鏜曰。『彼宗姓也。（汝愚太宗子楚王元佐七世孫）誣以謀危社稷。則一網打盡矣。』侂胄然之。以秘書監李沐嘗有怨於汝愚。引爲右正言。使奏『汝愚以同姓居相位。將不利於社稷。』慶元元年。（寧宗元年）罷汝愚提舉洞霄宮。直學士院鄭湜坐草制詞無貶詞。免官。兵部侍郎章穎，國子監祭酒李祥，皆言汝愚不可去。知臨安府徐誼，國子博士楊簡，亦抗章請留汝愚。李沐劾爲黨。皆斥之。太府寺丞呂祖儉上書訴趙汝愚之忠。併論朱熹老儒。彭龜年舊學。李祥老成。不當罷斥。語侵韓侂胄。有旨『祖儉朋比罔上。』送韶州（今廣東嶺南道曲江縣）安置。中書舍人鄧馹繳奏祖儉不當貶。不從。中書舍人樓鑰因進講讀論及之。侂胄語人曰。『復有論奏祖儉者。當處以新州。』衆乃不敢復言。太學生楊宏中，周端朝，張衜，林仲麟，蔣傅，徐範等六人伏闕上書。訴趙汝愚之寃。論李沐之誣罔。請竄沐以謝天下。召還李祥楊簡以收士心。疏入。詔宏中等罔亂上書。煽搖國是。悉送五百里外編管。

汝愚既斥。侂胄之權益盛。士大夫素爲淸議所擯者。乃教以凡相與異者。皆道學之人也。陰疏姓名授之。俾以次斥逐。或又言以道學目之。則有何罪。當名曰僞學。蓋謂貪黷放肆乃人眞情。廉潔好修者皆僞耳。由是有僞學之目。善類皆不自安。是年六月。右正言劉德秀希侂胄旨上疏請考核眞僞。以辨邪正。詔下其章。由是國子博士孫元卿，袁燮國子正陳武皆罷。國子司業汪逵上章辨白。德秀以逵爲狂言。並免其官。 中丞何澹急欲執政。亦上疏言。『專門之學流而爲僞。空虛短拙。文詐沽名。願風厲學者。專師孔子。不必自相標榜。』詔榜於朝堂。吏部郎官糜師旦希旨復請考核眞僞。遷左司員外郎。又有張貴模者。指論太極圖。亦被賞擢。於是草茅之士熱中富貴者。皆知朝廷意旨所在。爭措擊正人以干祿求進矣。

韓侂胄忌趙汝愚。必欲置之死地。中丞何澹，監察御史胡紘，希旨論之。是年十一月。竄汝愚於永州。當制舍人汪義端，迪功郎趙師召希旨請殺汝愚。帝不許。 二年正月。汝愚行至衡州。今湖南衡陽道衡陽縣疾作。衡守錢鍪承侂胄密諭。窘辱百端。汝愚暴卒。天下聞而寃之。

是年二月。以端明殿學士葉翥與劉德秀同知貢舉。翥等奏言。『僞學之魁。以匹夫竊人主之柄。鼓動天下。故文風不能丕變。乞將語錄之類盡行除毀。』故是科取士。稍涉義理者悉皆黜落。六經語孟中庸大學之書爲世大禁。淮西總領張釜上書請「明詔在位之臣。上下堅守勿變。毋使僞言僞行乘間而入。以壞既定之規模。』詔除釜左司郎官。而以何澹參知政事。葉翥簽書樞密院事。

中書舍人汪義端，引唐李林甫故事。以僞學之黨皆名士。欲盡除之。太皇太后聞而非之。帝乃詔。「臺諫給舍論奏。不必更及舊事。務在平正。以副朕建中之意。』詔下。韓侂胄及其黨皆怒。劉德秀與御史張伯垓姚愈等上疏力爭。以爲不可。乃改「不必更及舊事』爲「不必專及舊事。』自是侂胄與其黨攻治之意愈急矣。殿中侍御史黃黼上言。「治道在黜首惡而任其賢。使才者不失其職。而不才者無所憾。故仁宗常曰。朕不欲留人過失於心。此皇極之道也。』疏上。忤侂胄意。免其官。 太常少卿胡紘上書。請禁用僞學之黨。詔宰執權住禁擬。大理司直邵裒然言。「三十年來。僞學顯行。場屋之權盡歸其黨。乞詔大臣審察其所學。』詔僞學之黨勿除在內差遣。已而言者又論僞學之禍。乞鑒元祐調停之說。杜其根源。遂詔監司帥守薦舉改官。並於奏牘前聲說非僞學之人。會鄉試漕司前期取家狀。必令書

『以不是僞學』五字。

是時臺諫皆韓侂胄所引。洶洶爭欲以熹爲奇貨。然無敢先發者。胡紘未達時。有憾於熹。及拜監察御史。銳然以擊熹自任。物色無所得。經年醞釀。章疏乃成。會改太常少卿。不果。沈繼祖者。爲小官時。嘗採摭熹語孟之語以自售。至是以追論程頤得爲御史。紘以疏草授之繼祖。謂可立致富貴。遂誣論熹十罪。且言『熹剽竊張載程頤之緒餘。以喫菜事魔之妖術。（喫菜事魔謂熹奉邪教也。參觀陳垣摩尼教入中國考第十四章）簧鼓後進。張浮駕誕。私立品題。收召四方無行義之徒。以益其黨伍。潛形匿跡。如鬼如魅。乞加少正之誅。以爲欺君罔世汚行盜名者之戒。其徒蔡元定佐熹爲妖。乞編管別州。』詔從之。慶元二年十二月。削熹官。竄元定於道州。已而選人徐嚞上書。乞斬熹以絕僞學。參知政事謝深甫抵其書於地。語同列曰。『朱元晦，蔡元定，不過自相講明耳。果何罪乎。』事乃止。三年十二月。知綿州（今四川西川道綿陽縣）王沇上疏。乞置僞學之籍。仍自今曾受僞學舉薦關陞及刑法廉吏自代之人。並令省部籍記姓名。與閒散差遣。從之。吏部侍郎黃由上言。『人主不可待天下以黨與。不必置籍以示不廣。』殿中侍御史張巖劾由阿附。罷之。而濯沇爲利州路轉運判官。於是僞學逆黨得罪著籍者。宰執，則有趙汝愚，留正，周必大，王藺等四人。待制以上則有朱熹，徐誼，彭龜年，陳傅良，薛叔似，章穎，鄭湜，樓鑰，林大中，黃由，黃黼，何異，孫逢吉等十三人。餘官則有劉光祖，呂祖儉，葉適，游仲鴻，吳獵，李祥，楊簡，汪逵，孫山卿，袁燮，陳武等三十一人。武臣則有皇甫斌等三人。士人則有楊宏中，周端朝，張衜，林中麟，蔣傅，徐範，蔡元定，呂祖泰等八人。凡五十九人。四年，用右諫議大夫姚愈言，復下詔申嚴僞學之禁。五年，用蔡璉誣告，奪前起居舍人彭龜年等官，旋放劉光祖於房州。（今湖北襄陽道房縣）六年三月，朱熹卒，右正言施康年言「四方僞徒，聚於信上，（信江在今江西東南境，朱子之家在其旁）欲送僞師之葬。會聚之間，非妄談時人長短，則謬議時政得失。乞下守臣約束。」從之。是年，呂祖儉卒，其弟祖泰上疏，論「韓侂冑有無君之心，請誅之以防禍亂。」有旨：「呂祖泰挾私上書，語言狂妄。」拘管連州。右諫議大夫程松與祖泰有舊，恐被嫌疑，乃獨上疏，論祖泰罪當誅。詔杖祖泰一百，配欽州（今廣東欽廉道欽縣）牢城收管。監察御史林采言「習僞之成，造端自周必大，宜加絀削。」施康年亦以爲言，詔貶必大爲少保。

第四節　僞學之禁之取消

先是僞學之禍，雖本於韓侂冑欲去異己以快所私，然實京鏜創謀，而何澹劉德秀胡紘成之。已而鏜死。二人亦罷。侂冑厭前事之乖戾。欲稍更改以消中外之議。會張孝伯謂侂冑曰。「不弛黨禁。恐後不免報復之禍」。籍田令陳景思。侂冑之姻也。亦謂侂冑勿爲已甚。侂冑然之。嘉泰二年。（寧宗八年）詔弛僞學黨禁。追復趙汝愚資政殿學士。黨人見在者。咸先後復官自便。又削薦牘中不係僞學一節。時朱熹沒已踰年。周必大，留正，各已貶秩致仕。詔熹追復待制。致仕。必大復少傅。正復少保。

已而韓侂冑以開邊生釁伏誅。其黨羽皆流竄。寧宗追悔前事。贈趙汝愚太師。追封沂國公。諡忠定。追復朱熹官階。諡曰文。以論孟集注列於學官。追謚周敦頤曰元。程顥曰純。程頤曰正。

理宗深崇儒學。卽位以後。追贈朱熹太師。封徽國公。追封周敦頤爲汝南伯。張載郿伯。程顥河南伯。程頤伊陽伯。並從祀孔廟。先是從祀中有王安石父子。孝宗淳熙中。始黜王雱。至是並黜安石。度宗即位以後。復以邵雍司馬光並從祀孔子廟廷。

第九章　明末東林黨之禍

第一節　東林黨禍成立之原因

一、宦官與閹黨之結合　漢唐明三代皆亡於宦官。然漢代宦官不若唐之恣橫。漢不握兵而唐握兵故也。明代則不惟握兵而兼司法。漢唐宋明四代皆亂於朋黨。然唐宋之朋黨。雙方皆士大夫。故競爭雖劇烈。傾軋雖頻繁。猶有一部分道德觀念搘柱調停於其間。流血之慘劇卒不多見。漢明之朋黨一方爲君子。一方爲小人。一方爲士大夫。一方爲奄寺。其地位上權力上之利害。乃至思想意見。無一不起衝突。毫無調和之餘地。一部分陰險狡猾頑鈍無恥之士大夫。附和宦官爲之羽翼。以殘害同類。號曰閹黨。而雙方之界限益混淆。關係益複雜矣。　自成祖時。寵任宦官。授以兵柄。宣宗時。宦官始掌章奏。預聞機密。英宗寵王振曹吉祥。授司禮太監京營提督。而宦官位益尊。憲宗時。汪直與朝士王越陳鉞結。武宗時。劉瑾與朝士焦芳劉宇曹元結。而閹黨權始盛。神宗因循泄沓。晏處深宮。綱紀廢弛。君臣否隔。小人之趨權勢者。與名節之士爲讎仇。始則有東林黨與宣崑黨齊黨楚黨浙黨之攻訐。繼則有三案之論爭。門戶紛然。是非莫定。及熹宗卽位。東林黨勢盛。宣崑黨與齊楚浙三黨相繼瓦解。反對東林者乃內結權宦魏忠賢以排斥正人。一部分趨炎附勢利欲薰心之徒。復逢迎附和之大興黨獄。殘害正人。天下大權皆歸忠賢手。其門下有五虎五彪十狗十孩兒四十孫之黨羽。先後六七年間。興大獄六七次。楊左諸君子皆喪於其手。流毒幾徧天下。善類一網打盡。自朝廷大臣。下及一命之士。皆爲閹黨與模稜持兩端之士所壟斷。而有明元氣盡矣。崇禎登極。閹黨雖除。而各立門戶互攻爭勝之習牢不可破。三十年中。三案葛藤。血戰不已。國是紛呶。朝端水火。寧坐視國家之亂亡。而不能破除門戶之角立。福王南渡。偏安江左。日夕不支。而馬阮之報復因循。猶是崔呈秀魏廣微之故智。亦可哀矣。

二、士大夫之意氣用事。　明世士大夫。好以意氣用事。對於君主及宰相之舉動。督責太嚴。絲毫不相假借。朝廷有大事起。不能酌理準情。婉言規勸。動輒呼朋引類。明目張胆。喧呼聒噪以爭之。彰君主之失。明己之直。使君主老羞成怒。無轉圜之餘地。圖博一己之名。而於國事毫無裨益。若憲宗時之孝莊皇后合葬問題。世宗時之大禮議。神宗時之張居正奪情問題。其尤著者也。而持論刻酷。遇事生風。推測過深。其所欲加之罪名。往往超出對象者應得罪名之上。張差一妄男子。持挺入東宮。諸臣必欲加鄭貴妃以主使之名。李可灼一庸醫。誤用藥殺人。諸臣必欲加大學士方從哲以弑逆之罪。李選侍一婦人。戀戀於乾清宮安土重遷。亦人之常情。楊漣責其陰圖專擅。以攻選侍。及移宮以後。賈繼春又倡言選侍投繯自盡以誣帝。附會宮禁。捕風捉影。狺狺爭論。經年不休。積習相沿。幾成痼疾。及其末流。卒以此敗。魏忠賢一市井無賴。非有操莽等跋扈之才。李林甫元載秦檜嚴嵩等陰險之智。諸臣不能防之於機先。用非常手段。誅之以靖內難。而乃搖唇鼓舌。拖筆弄墨。明目張胆。與之打口舌官司。熹宗一黃口孺子。生長深宮。育於宦官宮妾之手。既未教養於未即位之前。豈能責其明斷於已即位之後。對牛操琴。向石說法。甚無謂也。卒之帝於諸臣所奏。無所可否。一切委之忠賢。忠賢乃誣以罪名。逮捕諸賢。次第受戮。若屠羊豕。正人皆盡。國隨以亡。甚矣狹義之程朱道學教育成之八股先生。不足與語通權達變也。

第二節　明代宦官之專橫

明太祖之初即位也。禁宦官預政典兵。嘗鑄鐵牌置宮門曰。「內臣不得干預政事。預者斬。」又禁內臣讀書識字。不許與諸司文移往來。定制不得兼外臣文武銜。不得着外臣冠服。官不得過四品。月給米一石。使之衣食於內廷。然洪武十一年。五開（洞名在湖南辰沅道靖縣邊界）蠻叛。

以辰州指揮楊仲名爲總兵官討之。先後遣內臣吳誠呂玉至其軍觀兵勢。閱勝。後又屢遣內臣赴河州（今甘肅蘭山道導河縣）等處市馬。貽謀固未盡善也。建文帝卽位。御中官嚴。靖難兵起。中官奉使多有侵暴者。詔所在有司繫治之。中官怨上。密遣人赴燕。告以京師空虛可取狀。及燕兵逼江北。中官多逃入其軍。漏洩朝廷虛實。成祖以爲忠於己。卽位以後。多所委任。諸宦官言功不已。帝患之。永樂元年。鎭遠侯顧成，都督韓觀，劉眞，何福等。出鎭貴州廣西遼東寧夏諸邊。乃命宦官中有謀者與之偕行。賜公侯服。位諸將上。未幾。雲南大同甘肅宣府永平寧波亦各相繼遣使。八年。設京營提督。使內臣監軍。是爲宦官典兵之始。元年。遣中官侯顯使烏斯藏。（今西藏）李興使暹羅。馬彬使瓜哇，蘇門答剌諸國。尹慶使滿加剌，（今英屬麻剌甲在馬來半島南端西岸）柯枝（Cochin在印度半島西南端臨阿剌伯海）諸國。是爲宦官奉使之始。三年。遣中官山壽率騎兵出雲州。（堡名在今察哈爾口北道赤城縣境）鄭和王景弘等率舟師下西洋。是爲宦官專征之始。十八年。置東廠。以內監掌之。使刺外事。是爲宦官預政之始。蓋有明一代宦官出使專征監軍分鎭刺臣民隱事等諸弊政。皆始於此時矣。太祖定制。中官不許讀書識字。成祖時。始令聽選教官入內敎習。宣宗卽位。始立內書堂。改主事劉翀爲修撰。專授小內使書。其後大學士陳山修撰朱祚，俱專是職。選內使年十歲上下者二三百人讀書其中。後增至四五百人。翰林官四人教習以爲常。內官始通文墨。掌章奏。照閣票批硃。與外庭交結往來矣。

英宗卽位。年方九歲。大學士楊士奇楊榮楊溥輔政。宦官王振狡黠多智。事仁宗於東宮。宣宗時寖用事。英宗爲太子。朝夕侍左右。及卽位。命掌司禮監。振欲令朝臣畏己。數教帝摭拾小過。杖辱大臣。言官承振風指。肆行彈擊。自公侯駙馬伯及尚書都御史以下。無不被劾。或下獄。或荷校。甚至譴謫。殆無虛歲。三楊不能制。振事功利。盛興邊防鎭守京營掌兵經理倉場，提督營造，珠池銀礦，布帛織造等事。皆中官掌之。於是法制始弛。宦官之禍興於內。敵國亦起於外矣。

已而楊士奇楊榮相繼卒。閣臣陳循高穀等皆後進望輕。楊溥孤立無助。振日益恣橫。振欲示威四夷。遂興麓川（在雲南西南境及緬甸東北境）之役。先後凡三次動大兵。老師費財。以一隅騷動天下。而終無成功。翰林院侍講劉球會應詔言事。觸振之怒。下獄被殺。

是時瓦剌（元臣後裔其根據地在天山北路勢力範圍直抵內蒙古三特區）方強。其酋長也先數以入貢爲名。要索朝廷賞賚。使人來者動至二千餘人。朝廷耗費不貲。使人歸時。以馬易弓。藏於衣篋。不可勝計。鎭守大同太監郭敬歲造箭鏃數十甕。遺其使。帝知而不問。振欲邀功北鄙。數遣使侵畧兀良哈。元臣後裔分泰寧朶顏福餘三衛在今熱河中部北部境內 三衛怨怒。遂導瓦剌入寇。正統十四年。也先誘脅諸部。分道大舉南侵。自擁衆從大同入邊。兵屢敗。鎮守諸將多戰歿。邊報日數十至。振欲邀功。挾帝親征。是年八月。次於土木。在今察哈爾口北道懷來縣西二十五里 敵兵猝至。王師潰。振與諸大臣多被殺。也先挾帝北去。

景帝即位。籍振家。夷其族。而仍用其黨曹吉祥掌京營。總督軍務兵部尚書于謙。統諸將屢破瓦剌兵。也先乃請和。送還英宗。帝尊爲上皇。居之南宮。禮遇甚薄。 景泰八年春正月。帝疾篤。武清侯石亨，右副都御史徐有貞等。密與吉祥謀。乘帝輿疾宿南郊齋宮。以兵迎上皇復位。廢帝爲郕王。遷之西內。殺于謙及大學士王文等。封亨忠國公。有貞武功伯。予吉祥錦衣衞世職。以有貞爲大學士。吉祥爲司禮太監。 有貞爲曹石所引用。既得志則思自異。窺帝意微厭二人。乃稍稍裁抑之。亨吉祥怒。譖有貞於帝。逮下獄。竄之金齒。衞名在今雲南騰越道故永昌府境內

自是以後。吉祥與亨表裏擅權。子侄皆爲侯伯都督。門下厮養冒官者多至千百人。帝益厭之。乃委任大學士李賢。漸收政權於內閣。天順四年。亨及其從子定遠侯彪以罪誅。

吉祥懼。遂與從子昭武伯欽，都督鉉，鏞，鐸等舉兵反。懷寧伯孫鏜等討誅之。夷其族。於是曹石之黨皆盡。宦官氣燄稍殺。

憲宗即位。賢相李賢彭時商輅輔政。政事修明。已而賢與時相繼卒。佞臣萬安劉吉入閣。時貴妃萬氏專寵。安因內使致殷勤於妃。自稱子侄行。太監汪直者。大藤峽（在今廣西蒼梧道桂平縣境內跨鬱江兩岸）猺種也。初給事妃。年少黠譎。帝寵之。命刺外事。成化十三年。置西廠。廣置緹騎。以直領之。直羅織細故。屢興大獄。冤死者相屬。大學士商輅，兵部尚書項忠等先後劾之。帝不得已。暫罷西廠。令直歸御馬監。然帝眷直不衰。仍令密出外刺事。御史戴縉者。性險躁干進。探知帝意。乃假災異建言。頌直功德。遂詔復開西廠。仍命直領之。直譖項忠。逮下獄。斥爲民。又譖商輅。輅引疾罷歸。縉希直旨。乞令兩京大臣自陳。欲以傾直所不悅者。於是大臣以次陳免者數十人。直益恣橫。行邊監軍。所至苛擾。久之帝眷始衰。十八年。罷西廠。降直南京御馬監。斥逐其黨。然直竟良死。

孝宗即位。賢相徐溥，劉健，李東陽，謝遷等相繼輔政。朝廷稱治。然宦官弄權。積重難返。且宦官以外。別有所謂閹黨者出現。乃朝臣附和宦官。而爲之羽翼者也。先是憲宗時。宦官汪直梁芳等。與大學士萬安，都御史王越，方士李孜省，僧繼曉等結合表裏擅權。其後汪直得罪。王越免官。憲宗升遐。萬安梁芳李孜省繼曉等亦相繼竄逐以死。於是憲宗時之閹黨皆盡。而太監李廣有寵。與壽寧侯張鶴齡等互相交結狼狽爲奸。其後李廣有罪自殺。鶴齡自引退。於政局尙無大影響。武宗即位。年甫十五。狎昵羣小。東宮舊監劉瑾，馬永成，高鳳，羅祥，魏彬，邱聚，谷大用，張永俱用事。時號八虎。日導帝遊戲。又勸帝令鎭守內臣各進萬金。奏置皇莊三百餘所。畿內大擾。大學士劉健，謝遷，戶部尙書韓文等。以瑾等蠱惑上心。奏請誅之。司禮太監王岳，范亨，徐智，素不善瑾等所爲。陰贊成閣議。事垂濟。而吏部尙書焦芳洩其謀於瑾。瑾等夜趨帝前環泣。言『王岳結閣臣。欲制上出入』。帝信以爲眞。意遂中變。命瑾掌司禮監。永成大用提督東西廠。永督十二團營及神機營。彬督三千營。瑾夜傳命收岳及亨智。充南京淨軍。旋矯詔追殺岳亨於途。箠智折臂。免健遷官。褫文職。勒都御史張敷華，尙書楊守隨，林瀚致仕。並杖謫諸臣之請留健遷者。引芳爲大學士。矯詔列健，遷，文，敷華，守隨，瀚，及都御史戴珊，郎中李夢陽，主事王守仁等五十三人姓名。號爲奸黨。榜示朝堂。

帝爲羣閹蠱惑。作豹房。朝夕處其中。大權皆歸於瑾。瑾凡事得專決。不復關白。引用其黨劉宇曹元入閣。張綵爲吏部尚書。大臣不附和者斥逐殆盡。中人以微法。無得全者。嘗因早朝退。有遺匿名書於丹墀數瑾罪者。瑾怒。遂執朝士三百餘人下獄。時盛夏酷暑。有暴死者。次日廉知其同類所爲。衆獲宥。正德五年。安化（今甘肅涇原道慶陽縣）王寘鐇以誅瑾爲名。舉兵反。詔右都御史楊一淸總制軍務。以太監張永監軍。往討平之。一淸知永怨瑾。密與畫策。永因獻俘奏瑾不法十七事。遂逮瑾下獄。誅之。籍其家。諸附瑾者皆竄逐。而內監魏彬，馬永成，幸臣江彬，錢寧等用事。終帝之世。盤遊不輟。

第三節　明代士風之矯激

一、有明初年之士風　儒教自經宋儒改革以後。變爲道學。周程張朱之徒。皆以一介書生。教授後進。隱然以道統爲己任。其學以致知力行爲主。而歸本於誠。故宋室之亡。節義之士獨多。蓋先賢之提倡收效大矣。明太祖起兵以後。百忙之中。留意人才。嘗命有司每歲舉賢才及武勇謀畧通曉天文之士。其有兼通書史廉吏亦得薦舉。得賢者賞。濫舉及蔽賢者罰。又定文武科取士之法。洪武二年。命博士孔克仁授諸子經。功臣子弟。幷令入學。又詔天下府州縣皆立學。六年二月。停科舉。令有司察舉賢才。以德行爲本。文藝次之。其目曰聰明正直。曰賢良方正。曰孝弟力田。曰儒士。曰孝廉。曰秀才。曰人才。曰耆民。皆禮送京師。不次擢用。而各省貢生亦由太學以進。七年。修曲阜孔子廟。立孔顏曾三氏學。教其族人。八年。詔天下立社學。延師儒教民間子弟。十三年。詔天下學校師生日給廩膳。十五年。帝詣國子監。釋奠於先師。是年八月。復行科舉。此後每三年一行。爲定制。而監生與薦舉人才參用者尤多。其由監生賢良秀才儒士等起家爲尚書布政按察使及參政副使或御史給事中者不可勝數。十六年。始令天下學校歲貢士於京師。二十五年。以名儒方孝儒爲漢中府學教授。蜀王椿聞其賢。聘爲世子師。名其讀書之廬曰正學。蓋當時科舉選舉與學校制并行。得人之盛。邁乎前代。而提倡儒教。注重實行。砥礪廉隅。崇尚名節。爲此時特色。其吏治之淳。士風之樸。所以養成之者有自來矣。 惠帝即位。召方孝儒爲翰林院侍講。轉文學博士。親任之。靖難之變。自孝儒以下大小臣工殉國者獨多。皆太祖在位時代養成之人物也。 成祖即位。視國子監。行釋奠禮。又命翰林學士胡廣等。編四書大全五經大全，性理大全等書。頒發各學校。一以程朱學說爲標準。於是宋學益發達。 英宗初年。王振亂政。末年。曹石亂政。憲宗時代。汪直亂政。武宗初年。劉瑾亂政。朝士有觸犯之者。多遭下獄廷杖謫戍之禍。重者或處死刑。而翰詹科道與部寺小臣。抗章彈劾。視之蔑如。知有國而不知有身。知奸人之當去。而不知己身之有禍害。蓋自太祖即位以後百餘年間。尊崇節義。敦厲名實。儒教之道德。漸漬於社會。寖成爲風俗矣。歷代賢相若楊士奇楊榮楊溥李賢彭時，商輅，徐溥，劉健，李東陽，謝遷等，直臣若誠意伯劉基，平遙訓導葉伯巨，監察御史王樸，(以上太祖時) 浙江按察使周新，侍講鄒緝，主事蕭儀，侍讀李時勉，(以上成祖時) 監察御史羅汝敬，(仁宗時) 主事郭循，(宣宗時) 侍講劉球，(英宗初年) 御史鍾同，禮部郎中章綸，大理寺少卿廖莊，(景帝時) 翰林院編修章懋，黃仲昭，檢討莊昶，(憲宗時) 等，循吏若漢中知府費震，蘇州知府況鍾，吉安知府陳本深，撫治荊襄副都御史原傑等，道學若禮部侍郎薛瑄，江西徵士吳與弼，翰林院檢討陳獻章，大學士王鏊等，其流風餘韻。俱足以使頑廉懦立。皆儒教養成之人物也。

然而好名之念太重。時或流於矯激。太祖時。監察御史王樸性鯁直。數與帝廷辨是非。帝怒。命戮之。及市。召還。諭曰。「汝其改乎」。對曰。「陛下不以臣爲不肖。擢官御史。奈何摧辱至此。使臣無罪。安得戮之。有罪。又安用生之。臣今日願速死耳」。帝大怒。趣命行刑。過史館。大呼曰。『學士劉三吾志之。某年某月日。皇帝殺無罪御史樸也』。成祖時。錦衣衛指揮紀綱用事。使千戶緝事浙中作威受賕。按察使周新捕治之。綱誣奏新罪。帝遽命逮新。既至。伏陛前抗聲曰。「陛下詔按察司行事與都察院同。臣奉詔擒姦惡。奈何罪臣。」帝怒命戮之。臨刑大呼曰。「生爲直臣。死當作直鬼。」竟殺之。

又好廣通聲氣。不避嫌怨。對於素不滿意之人。交章彈劾之。對於無罪受害之人。交章論救之。有結黨之嫌。有營私之迹。容易爲朝廷所誤解。孝宗時。岷王膺鉟奏武岡知州劉遜不法事。命錦衣官校逮之。給事中龐泮，御史劉紳等率科道論救。帝以親王劾一州官。輒交章奏阻。下泮紳等六十二人於獄。臺諫署一空。九卿力諫。乃釋之。遜亦無事。

二、孝莊皇后合葬裕陵議　明代士大夫好以意氣用事。朝廷有大問題起。往往成羣結隊。斷斷以爭。與天子以難堪之地位。甚或至積羞成怒。猝以暴厲手段對待羣臣。激而成大獄者。實爲史傳中恒有之事。其居心之忠貞固可敬。其手段之操切抑亦可笑矣。憲宗成化四年。嫡母慈懿皇太后錢氏崩。生母周太后不欲使之合葬裕陵。英宗陵閣臣彭時，商輅，劉定之持不可。百官皆請如時議。帝曰。「乖禮非孝。違親亦非孝。其議別上。」廷臣百四十七人皆上疏諫。禮部尚書姚夔合諸大臣疏言。「皇上當守祖宗成法。豈可阿順母后。顯違前典。

「帝猶豫未決。給事中毛弘倡言「此大事。吾輩當以死爭。」合羣臣伏哭文華門外。自巳至中。帝與周太后皆感動。乃許之。羣臣呼萬歲出。　武宗正德十四年。帝下詔將巡兩畿山東。閣臣及科道皆切諫。不報。兵部郎中黃鞏，翰林院修撰舒芬，吏部郎中張衍等百餘人相繼抗疏諫。帝怒甚。執六人下鎭撫司掠治。餘一百七人跪闕前五日。旋杖之。死者十一人。

三、大禮議　明代士大夫書生習氣甚重。好爭禮節。往往執宮廷細故。朝廷末節。搖脣鼓舌。拖筆弄墨。齗齗以爭。使天子無自由伸縮之餘地。在當時一般輿論批評之。固認爲不得已。而自後世論史者觀之。總覺其可已而不已也。武宗升遐。世宗（孝宗猶子武宗從弟）以興王入繼大統。詔議崇奉本生父興獻王典禮。大學士楊廷和，禮部尚書毛澄，以爲「宜如漢定陶共王（成帝弟哀帝本生父）故事。以益王子厚炫主後興國。其稱號宜如宋濮安懿王（仁宗從兄英宗本生父）故事。稱孝宗曰皇考。興獻王曰皇叔父。興獻王妃曰皇叔母。」議上。帝慍曰。「父母若是互易耶。」命再議。廷和與大學士蔣冕，毛紀，固執前議。澄亦會廷臣再三執奏。疏俱留中。進士張璁揣知帝意。乃上疏。謂「帝以倫序當立。與漢哀帝宋英宗之預養宮中立爲儲嗣者不同。故謂帝入繼祖統則可。謂帝爲孝宗後而自絕其親則不可。宜考興獻王。母興獻王妃。」疏入。帝大喜。手詔閣臣。欲尊父爲興獻皇帝。母爲興獻皇后。祖母爲皇太后。廷和等持不可。封還手詔。於是給事中朱鳴陽，史于光，御史王溱，盧瓊等。交章劾璁。帝不聽。　是年十月。追尊父興獻王爲興獻帝。尊祖母憲宗貴妃邵氏爲皇太后。母興國太妃蔣氏爲興獻后。

旋復手敕。加興獻帝后以皇號。楊廷和與吏部尚書喬宇上書諫。帝不聽。編修陳音，給事中朱鳴陽，御史陳昌等百有五人上書力爭。亦不聽。　次年（嘉靖元年）正月。淸寧宮後殿災。廷和等因言「興獻帝后加稱。列聖神靈容有未安。今火災示戒。昭然可見。」給事中鄧繼曾亦以爲言。帝勉從衆議。稱孝宗曰皇考。慈壽皇太后曰聖母。（孝宗后張氏）興獻帝后止稱本生。不稱皇。

是年十一月。邵太后崩。帝欲附葬茂陵。（憲宗陵）數下廷議。楊廷和等持不可。帝不聽。毛澄以議禮不合。引疾歸。

楊廷和惡張璁。除爲南京刑部主事以遠之。而兵部主事霍韜。給事中熊浹等。皆希旨附和璁議。大學士費宏。浹鄉人也。恐廷和疑已。出浹爲按察司僉事。韜自知爲衆論所齕。引疾歸。　巡撫雲南都御史何孟春上書言。興獻王不宜稱考。致仕。都御史林俊亦上書言。不宜尊崇所生過當。廷和奏擢孟春爲吏部侍郎。起俊爲工部尚書。

巡撫湖廣都御史席書具疏言興獻帝宜稱皇考。別立廟於大內。祭以天子之禮。興獻后宜稱皇母某后。不可以興獻字加之。吏部員外郎方獻夫亦具疏言宜稱孝宗曰皇伯。稱興獻帝曰皇考。二疏俱中阻不果上。而南京刑部主事桂萼與張璁同官。日夜私詆朝議。三年正月。萼遂上疏請改稱孝宗曰皇伯考。興獻帝曰皇考。興國太后曰聖母。武宗曰皇兄。並錄書獻夫二疏以聞。帝得疏。心動。手詔下廷臣集議。禮部尙書汪俊等二百五十餘人並排萼議。上不聽。免大學士楊廷和及汪俊官。奪給事中張翀等三十二人，御史鄭本公等三十一人。俸以警其餘。召席書爲禮部尙書。張璁桂萼爲翰林學士。方獻夫爲侍講學士。言官交章請留廷和俊。斥璁萼等。不報。大學士蔣冕力爭。不聽。遂乞休去。

先是萼疏既上。廷臣方具議。璁復疏言。「今日之禮。不在皇與不皇。而在考與不考。」萼又曰。「陛下承祖宗大統。執政乃無故任己私。爲不道。使陛下終身爲無父之人。逆倫悖義若此。猶可使與斯議哉。」二人疏同上。帝故趣召之。 已而廷議追尊興獻帝曰本生皇考恭穆獻皇帝。尊興國太后曰本生聖母章聖皇太后。編修鄒守益疏言。「陛下推崇本生。業已尊爲帝后。今復加稱皇考。去其始封之號。直與正統無別。不可以示後世。』又言『歷觀前史。如冷褒段猶（漢哀帝時議禮之臣主張定陶共皇太后共皇后不宜用定陶藩國號者）之徒。當時所謂忠愛。後世所斥爲邪媚也。師丹（漢哀帝時宰相反對冷褒段猶者）司馬光（宋英宗時知諫院議追尊濮王典禮者）之徒。當世所謂欺慢。後世所仰爲正直也臣恐後之視今。猶今之視昔。』帝得疏大怒。下詔獄拷掠。謫廣德州判官。修撰呂柟，御史段續，陳相，吏部員外郎薛蕙，鴻臚寺少卿胡侍，並上疏諫。俱下獄。謫官。

閣議以追尊之命已行。請停張璁桂萼召命。帝不得已從之。二人已在道。意大阻喪。乃復合疏。請與禮官面質。且云。『本生對所後而言。若不亟去此二字。則雖稱皇考。實與皇叔無異。』疏入。帝復召二人。給事中張翀等連章劾璁萼及方獻夫席書等。刑部尙書趙鑑列璁等罪狀上請。帝不聽。切責翀鑑。學士豐熙，修撰舒芬，楊愼，張衍慶，編修王思等皆不願與璁萼同列。乞罷歸。帝怒。俱奪俸。吏部尙書喬宇亦力言璁萼不可用。上怒。切責宇。宇乞休去。

是年七月。璁萼至京。復列上禮官欺罔十三事。且斥爲朋黨。帝召見羣臣於左順門。示以手勅言章聖皇太后命去本生字。羣臣駭愕。於是九卿詹事翰林給事中御史六部大理行人諸司各上章爭之。皆留中不下。尙書金獻民，少卿徐文華，倡言曰。『諸疏留中。必改稱孝宗爲伯考矣。』何孟春曰。『憲宗朝議慈懿太后葬禮。姚夔率百官伏哭文華門。此我朝故事也。』楊愼曰。『國家養士百五十年仗節死義正在今日。』張翀曰。『萬世瞻仰在此一舉。有不力爭者共擊之。』遂會羣僚二百餘人跪伏左順門。有大呼高皇帝孝宗皇帝者。帝方齋居文華殿命中官諭之退。不聽。帝怒。遣錦衣先執爲首者豐熙張翀等八人下獄。楊愼等乃撼門大哭。衆皆哭。聲震闕廷。帝益怒。命盡逮何孟春等二百二十人。爲首者戍邊。四品以上奪俸。五品以下予杖。杖殺編修王相等十六人。大學士毛紀力請宥諸臣罪。帝怒。免其官。自是衣冠喪氣。璁萼以議禮驟貴。於是閒罷失職武夫小吏。皆望風希旨抗論廟謨矣。

是年九月。更定大禮。改稱孝宗爲皇伯考。昭聖皇太后爲皇伯母。獻皇帝爲皇考。章聖皇太后爲聖母。四年五月。光祿寺署丞何淵希旨請建世廟於京城。祀獻皇帝。從之。

是時璁萼用事。惡大學士費宏石珤持正。奸人王邦奇承璁萼指。上書訐故大學士楊廷和。並誣宏珤爲奸黨。給事中楊言抗章爲廷和宏珤辯護。上怒。逮言下獄。貶其官。宏珤乞休去。

桂萼屢爲諫官所論。乃上言楊廷和私黨猶在言路。請命科道互相糾劾。從之。於是言路日益多事。分門植黨之風漸熾。六年八月。璁萼及方獻夫藉覆治妖賊李福達獄之機會。誣刑部尚書顏頤壽左都御史聶賢，大理卿湯沐等故入人罪。罷謫頤壽等四十六人。帝以璁萼等平反有功。賜二品服俸。編欽明大獄錄。頒示天下。百戶王邦奇。訐楊廷和與前尚書金獻民，彭澤前都御史陳九疇等處置邊事失機。嘉靖三年土魯番圍肅州事件七年正月。逮九疇下獄。謫戍極邊。奪獻民澤職。釋廷和不問。 是年六月。頒明倫大典於天下。追論前議禮諸臣罪。削楊廷和籍。奪蔣冕毛紀毛澄汪俊，喬宇林俊職。斥何孟春及前吏部郎中夏良勝爲民。於是張璁桂萼方獻夫相繼入閣。璁深恨諸翰林。入閣以後。請自講讀以下。量材補外。於是改官及被黜者二十餘人。並罷選庶吉士。翰苑爲空。 十七年九月。尊獻皇帝爲睿宗。祔於太廟。帝與昭聖皇太后張氏有隙。其兄弟昌國公鶴齡，建昌侯延齡，相繼以讒下獄論死。於是大禮議告終。士氣亦摧殘殆盡。帝英察自信。果於刑戮。頗護已短。姦臣嚴嵩。遂得一意媚上。竊權罔利。因事以激帝怒。戕害人以成其私。而一時正人多被禍矣。

四、張居正奪情議 明世士大夫。好爭禮節。不達世故。持論深刻。往往與人以難堪。對於君主有然。對於宰相亦如此。憲宗初年。大學士李賢喪父。詔令馳驛歸葬。即還視事。賢再疏乞終制。不許。及還京。修撰羅倫詣賢阻之。不聽。倫上疏諫。忤旨。黜爲福建市舶副提舉。於是士大夫皆以倫爲賢。 世宗升遐。穆宗卽位加恩藩邸舊臣。以禮部右侍郞張居正爲吏部左侍郞。兼東閣大學士。直內閣。旋進禮部尚書兼武英殿大學士。是時徐階以首輔當國。務持平恕。與民休息。大學士高拱自以先朝舊臣。數與階軋。階引疾去。 穆宗在位六年崩。神宗以沖齡踐祚。高拱以首輔當國。居正與之爭權。復軋去拱。居正才識明達。自爲首輔當國。獨專大政十年。俺答之屈服。其謀畧居多。薊鎭總兵官戚繼光，遼東總兵官李成梁等。皆以宿將有戰功。久任邊防。威名卓著。居正能倚任左右之。不使掣肘。故一時邊防頗能整飭。其爲治務尊主權。課吏職。綜核名實。信賞罰。一號令。雖萬里外。朝下而夕奉行。故神宗初政。起衰振惰。綱紀修明。萬歷十年。免天下逋賦二百餘萬。而帑藏充盈。民力殷阜。其相業爲明代冠。

萬歷五年。居正父卒。戶部侍郞李幼孜欲媚居正。首倡奪情議。居正惑之。司禮太監馮保素與居正相結。亦固留之。中旨令吏部尚書張瀚慰留居正。瀚不奉詔。詔責瀚無人臣禮。免其官。於是請留者相繼。編修吳中行，檢討趙用賢，員外郞艾穆，主事沈思孝，進士鄒元標，交章爭之。皆坐杖戍。學士王錫爵等求解於居正。居正不得。侍講于愼行，田一儁，張位，趙志皋，修撰習孔教，沈懋學，皆疏救。不納。南京御史朱鴻模馳疏救中行等。並斥爲民。於是錫爵愼行一俊懋學先後移病歸。朝廷命居正子編修嗣修，與司禮太監魏朝，馳傳往代司喪。詔居正以青衣素服角帶入閣治事。

居正居相位十六年。累拜太師中極殿大學士。威權震主。好諛自尊。六曹之長。咸唯唯聽命。至章疏不敢斥名。皆稱元輔。士大夫始譽以伊周五臣。繼且諛之以舜禹。居正亦恬然居之不爲怪。晚年益褊急恣快恩怨。黜陟多由愛憎。左右頗通賄賂。又與內侍馮保相結。論者少之。萬歷十年卒。帝以言者攻擊。奪官籍沒。戍其子弟於極邊。天下惜焉。

五、健儲議與挺擊案　明世士大夫。對於宮廷舉動。監督太嚴。似乎無理取鬧。且持論深刻。吹毛求疵。近於深文周納。對於君主有然。對於君主之家族亦莫不如此。先是張居正當國。痛抑言路。居正卒後。御史羊可立追論居正。籍其家。於是新進者爭礪鋒鍔。搏擊當路。可立與李植江東之並荷帝寵。三人更相結。亦頗引吳中行，趙用賢，沈思孝爲重。執政惡之。御史丁此呂復誣奏居正罪。大學士申時行，尚書楊巍等痛裁抑之。植東之交章劾時行巍蔽塞言路。大學士許國不勝憤。專疏求去。言「昔之專恣在權貴。今乃在下僚。昔顚倒是非在小人。今乃在君子。意氣感激。偶成一二事。遂自負不世之節。號召浮薄喜事之人。黨同伐異。罔上行私。其風漸不可長。」意蓋指中行用賢等也。自是言官與政府日相水火矣。

十四年二月。鄭妃生皇三子常洵。詔進封皇貴妃。時王恭妃生皇長子常洛已五歲。不益封。中外籍籍。疑帝將立愛。給事中姜應麟，吏部員外郎沈璟。刑部主事孫如法上疏。「乞收回成命。首進恭妃。次及鄭妃。」上怒。俱貶官。大學士申時行率同列再請建儲。帝答以「元子嬰弱。少俟二三年舉行。」時帝以旱霾下詔求直言。郎官劉復初，李懋檜等上疏。顯侵貴妃。時行請帝下詔。令諸曹建言止及所司職掌。聽其長擇而獻之。不得專達。帝甚悅之。於是言者蠭起。章累千百。皆指斥宮闈。攻擊執政。帝概置不問。門戶之禍大起。

自張居正卒後。帝始親政。荒於酒色。不理朝政。郊祀廟享多弗躬親。十三年。禮科給事中王三餘請帝親郊。十四年。禮部主事盧洪春以帝不時享太廟。上疏極諫。皆被嚴譴。十七年。大理寺評事雒于仁上酒色財氣四箴。直攻帝失。帝震怒。將加嚴譴。會歲暮。留其疏十日。十八年元旦。召見輔臣申時行等分析之。時行請毋下其章。而諷令于仁自引去。于仁賴以免。然自是章奏留中。遂成故事。是日宣皇長子出見。時行請早定大計。帝猶豫久之。乃曰。「朕不喜激聒。近閱諸臣所奏。惡其離間父子。故概置之。若諸臣不復奏擾。當以後年冊立。否則俟皇長子十五歲舉行。』時行因戒廷臣毋瀆擾。是年十月。吏部尚書宋纁，禮部尚書于愼行，率羣臣合疏請冊立東宮。上怒。下詔奪俸。

十九年九月。工部主事張有德預以儀注請。帝怒。奪有德俸。時申時行方在告。大學士許國，王家屏，慮事中變。欲因而就之。引前旨爭。首列時行名。時行聞之大愕。密疏言『臣方在告。實不與知。』給事中羅大紘劾時行。『陽附朝廷請立之議。陰爲自交宮掖之謀。』歙人黃正賓者。以貲爲中書舍人。思立奇節自附淸流。見大紘疏。亦抗章抵時行。帝怒。斥大紘正賓爲民。時行力求罷。而國與家屏又以建儲請。帝責大臣不當與小臣比。遂罷國。時行亦乞休去。

自張居正卒後。時行以首輔當國。欲以寬大收人心。召用老臣。布列庶位。朝論多稱之。然政令務承帝旨。不能有所匡正。又罷居正所行考成法。初諸司章奏部院覆行撫按勘者常稽不報萬歷元年居正奏立章奏考成法以大小緩急爲限立文簿月終注銷閣部科院遞相糾舉誤者抵罪自是政體爲肅一切務爲簡易。由是上下恬熙。法紀漸不振。

是時在廷諸臣。力爭國本。舉國若狂。而皇長子年逾十歲。尙未就傅。十八年。大學士王錫爵疏請豫敎元子。不聽。二十年正月。給事中李獻可亦上疏請。上不悅。貶其官。首輔王家屏封還御批力諫。帝怒切責之。給事中孟養浩鍾羽正等十四人先後上疏諫。皆被嚴譴。家屏亦乞休去。

先是羣臣請建儲。閣臣惟王家屏與言者意合。申時行王錫爵皆宛轉調護。亦頗以言者爲多事。二十一年正月。錫爵復以首輔入閣。密請建儲以踐大信。帝手詔欲待嫡子。令元子與兩弟（三子常洵，五子常浩）且並封爲王。錫爵復請令皇后撫育元子。帝不聽。竟下前諭。令有司具儀。於是舉朝大譁。禮部尙書羅萬化，給事中史孟麟等詣錫爵力爭。廷臣諫者章日數上。錫爵偕閣臣趙志臯張位請追還前詔。帝不從。既而諫者益衆。工部郎中岳元聲，禮部郎中顧允成等十餘人。遮錫爵於朝房面爭之。元聲語尤激烈。錫爵不能堪。請下廷議。不許。請面對。亦不報。因自劾求罷。上迫於衆議。追寢前詔。而出允成與禮部郎中陳大來于孔兼薛敷敎等四人於外。刑部給事中王如堅，光祿丞朱維京謫戍。光祿少卿徐傑，署丞王學曾等。除名爲民。

是年十一月。皇太后生辰。帝御門受賀畢。獨召王錫爵至煖閣。錫爵力請早定國本。且言

『元子已十三。豈有子弟十三歲猶不讀書者。』帝頗感悟。二十二年二月。詔皇長子常洛出閣講學。用東宮儀。中外欣慰。

是時慈聖皇太后李氏（帝生母）堅持立長之議。帝意遂定。二十九年。皇長子年二十。羣臣屢請冊立冠婚並行。首相沈一貫以爲言。帝從之。是年十月。立常洛爲皇太子。同日封諸子常洵等四人爲王。遣使諭知致仕在籍大學士申時行王錫爵王家屏。於是國本問題解決。而不逞之徒。乘機離間宮廷。於是挺擊案之爭復起。

先是二十六年秋。或撰憂危竑（宋寧宗皇子竑爲史彌遠廢爲濟王遷之湖州而立理宗旋爲彌遠所害）議。欲以離間鄭貴妃及皇太子。妃兄國泰疑爲給事中戴士衡，全椒知縣樊玉衡所爲。言於帝。帝重謫二人。事遂寢。三十一年冬。續憂危竑議復出。帝大怒。勅有司大索奸人。沈一貫與禮部侍郎郭正域有隙。給事中錢夢皋等希一貫旨。上疏指爲正域所造。并及次輔沈鯉。時正域方致仕回籍。舟次楊村。遂發卒圍正域舟。捕僕隸乳媼及所善醫人等雜治之。無所得。正域舊爲東宮講官。皇太子遣使語閣臣。爲正域乞哀。提督東廠司禮太監陳矩不欲株連。乃歸獄於順天黜生皦生光。磔之。諸人賴以免。然作者之主名竟不可得。

四十一年。奸人王日乾復上書離間皇太子與鄭貴妃。首相葉向高以日乾素無賴。言於帝。下之獄。事得已。

四十三年。有薊州男子張差。持棗木棍。入慈慶宮。太子所居擊傷守門監。至殿前檐下。被執。命法司訊問。定為瘋癲。後提牢主事王之寀復詢詞連貴妃宮監劉成，龐保。之寀以聞。羣臣多借此為奇貨。遇事生風。交章攻擊鄭國泰。並侵及貴妃。帝心動。諭貴妃善為計。貴妃窘。乞哀於太子。自明無他。太子亦以事連貴妃而懼。白帝請勿株連。帝不欲窮究。乃磔差。斃成保於獄。事乃已。

皇后王氏賢而多病。國本論起。上堅持立嫡不立長之語。羣疑上意在后病不可知。貴妃即可為國母。舉朝皇皇。及上年高。后以賢見重。而東宮益安。四十八年四月。后崩。中宮虛位數月。貴妃竟不進位。

第四節　東林黨之成立及其對他黨之傾軋

初，張居正當國。吏部權漸輕。及宋纁，陸光祖相繼為尚書。稍自振飭。至孫鑨在職。操守益堅。二十一年。大計京朝官。鑨與考功郎中趙南星力杜請謁。一時公論所不與者貶斥殆盡。

大學士，王錫爵趙志皋之親黨亦與焉。由是閣臣皆憾。給事中劉道隆劾南星專權植黨。貶南星三秩。鑨亦奪俸。遂連疏乞休去。左都御史李世達，僉都御史王汝訓等交章論救。上怒。斥南星爲民。論劾者多獲譴。

先是並封命下。吏部文選郎顧憲成上疏力爭。又遺書王錫爵反復辯論。議遂寢。孫鑨趙南星主考察。憲成實左右之。既遷郎中。所推多與政府牴牾。錫爵常語憲成曰。「當今所最怪者。廟堂之是非天下必欲反之。」憲成曰。「吾見天下之是非。廟堂必欲反之耳。」遂不合。至是錫爵將謝政。會推閣臣。憲成舉王家屏。忤帝意。削籍歸無錫。憲成既廢。名益高。里故有東林書院。爲宋儒楊時講道處。憲成與弟允成倡修之。偕同志高攀龍，錢一本，薛敷教，史孟麟，于孔兼諸人講學其中。海內聞風景附。往往諷議時政。裁量人物。朝士慕之。亦遙相應和。於是東林名大著。而忌者亦多。其後孫丕揚，鄒元標，趙南星等相繼講學。自負氣節。與政府相抗。是爲東林黨議之始。憲成元標南星三人最負高名。天下清流以比漢之三君焉。憲成常言。「官輦轂志不在君父。官封疆志不在民生。居水邊林下志不在世道。君子無取。」故講習之餘。必及時事。後卒以此爲世口實。

是時帝在位已久。狃於怠荒。中外陳奏。多不省。或直言指斥。亦不罪。寧夏，朝鮮，遼東，青海，播州等處相繼用兵。諸邊多故。財政匱乏。各處奸民與中官相結假開礦爲名。騷擾各省。中人以上之家多破產。有司稍忤意。輒劾其阻撓。逮治。羣臣屢諫。帝皆不聽。由是民不聊生。變亂蠭起。三十年二月。太子婚禮甫畢。帝忽有疾。召首相沈一貫入宮。諭以罷礦稅及諸種弊政。撤還所遣中官。召用建言得罪諸臣。一貫方擬旨進。翌日帝疾瘳。悔之。遣中使十餘輩至閣。追還前論。

三十一年。宗室楚中尉華越等。訐嗣楚王華奎及弟華壁。皆異姓子。不當亂宗。事下禮部。署尚書事侍郎郭正域，請令撫按行勘。首相沈一貫右華奎。言「親王不當勘。但宜體訪」。次相沈鯉以行勘爲是。上從之。撫按皆言無左驗。中旨以「楚王襲封已二十餘年。何至今始發。且夫訐妻證。不足憑據」。坐華越等誣奏。降爲庶人。錮之鳳陽。

自楚獄起。閣部齟齬。廷臣分黨。互相攻擊。給事中錢夢皋等希沈一貫旨。劾罷郭正域。會妖書（續憂危竑議）事起。夢皋等交章劾正域。幾陷重罪。賴順天革生皦生光自誣服。堅不承正域與聞。事得已。

先是妖書事起。左都御史溫純力爲沈鯉郭正域辨誣。積忤沈一貫。三十三年。大計京朝官。純與吏部侍郎楊時喬主之。一貫所厚之給事中錢夢臯鍾兆斗等皆在謫中。一貫怒言於帝。降旨切責純。盡留被察科道官。純力求去。夢臯等遂連章訐純楚事。誣以納賄。給事中陳嘉訓極論「夢臯兆斗朋比爲訐。請聽純歸。以全大臣之體」疏上。帝予純致仕。夢臯兆斗亦罷歸。三十四年。嘉訓與御史孫居相交章詆一貫奸貪。一貫求去。許之。嘉訓居相亦貶秩。一貫素有清望。惟楚宗妖書京察三事與時論異。故人多詆之。帝嫌沈鯉方鯁。並令致仕。一貫鯉既去。內閣中只餘朱賡一人。廷推閣臣。命李廷機葉向高並爲東閣大學士。並召還王錫爵。時言官方厲鋒氣。錫爵進密揭力詆。中有「上於奏章一概留中。特鄙棄之如禽獸之音。不以入耳」之語。言官聞之大憤。交章論劾錫爵。錫爵闔門養重。竟辭不赴。 賡醇謹無大過。與一貫同鄉相暱。廷機性廉潔。故出一貫門下。人多疑之。給事中王元翰御史陳宗契等交章劾廷機。詆爲輦金輿援。禮部主事鄭振先指一貫賡廷機爲過去現在未來三身。上以其誣詆大臣。切責之。三十六年。賡卒。廷機以首輔當國。言路益攻之。廷機累疏乞休。不允。遂杜門不出。待命踰年。乃屏居荒廟。人跡都絕。言者猶攻之不已。廷機疏已百二十上。至四十年九月。不得命。竟歸。計廷機繫閣籍六年。秉政只九月。無大過。言路以其與申時行及一貫有舊。故交章逐之。輔臣以齮齕受辱。屏棄積年而後去。前此未有也。

廷機既去。葉向高遂獨相。時言路互相詆訐。帝心厭之。章悉留中。御史鄭繼芳力攻給事中王元翰貪婪不法。元翰亦疏詆繼芳。左右二人者。復相角不已。三十七年。向高請盡下諸疏。勅部院大臣評曲直。罪其論議顛倒者一二人以警其餘。不報。諸臣既無所見曲直。益樹黨相攻。

都御史李三才巡撫鳳陽。素得民心。屢加至戶部尚書。然頗通賄遺。結納徧海內。輔臣缺。建議者請參用外僚。意在三才。由是忌者日衆。工部郎中邵輔忠，御史徐兆魁等交章彈劾。給事中胡忻，曹于汴等交章論救。朝端聚訟。數月未已。顧憲成素與三才善。貽書葉向高與吏部尚書孫丕揚。盛稱三才廉直。與論大譁。三才力請罷去。兆魁劾東林黨人陰持計典。自是諸講學者多不理於口。

時廷臣黨勢日盛。祭酒湯賓尹，（安徽宣城縣人）諭德顧天埈，（江蘇崑山縣人）各收召黨徒。干預時政。謂之宣崑黨。而言路又有齊楚浙三黨。齊黨以亓詩教（山東萊蕪縣人）等為之魁。而燕人趙興邦（河北高邑縣人等附之。楚黨以宮應震湖北黃岡縣人等爲之魁。而蜀人田一甲四川忠縣人等附之。浙黨以姚宗文浙江慈谿縣人等爲之魁。而附之者尤衆。三黨皆與宣崑黨聲勢相倚，幷以攻東林排異己爲事。自帝倦勤。內外章奏皆留中不發。惟言路一攻。則其人自去。以故臺諫之勢積重不返。一人稍異議。輒羣起逐之。大僚非其黨不得安於位。天下號爲當關虎豹。吏部侍郎王圖，三十九年八月戶部尚書趙世卿，同年九月吏部尚書孫丕揚，四十年二月兵部尚書兼左都御史孫瑋。四十一年七月禮部侍郎孫愼行，四十二年八月大學士吳道南四十五年七月等爲所糾彈相繼去位。道南嘗上疏言。「臺諫劾閣臣職也。二百年來有糾閣臣之言官。無詈閣臣之言官。臣辱國已甚。請立罷黜」帝爲謫給事中劉文炳於外。而言路恣橫益甚。舉朝如水火。攻擊報復無已時。專任意氣。快恩怨。而置國事於不問。識者早知其大禍不遠矣。

第五節　三案之爭論

帝自中年以後。二十餘年不視朝。曹署多空。內閣只一人。六卿只數人。或以一人兼領數職。或有缺而十年不補。皇太子自册立以後。輟講已十二年。羣臣諫疏凡數百上。至四十四年八月。始命舉行一次。其泄沓狀態。從古所未有也。四十八年。帝崩。太子即位。是爲光宗。即位數日。卽有疾。內侍崔文昇進洩藥。帝由此委頓。鴻臚寺丞李可灼進紅丸。帝服之稍快。又命進一丸。翌日帝崩。是爲紅丸案。

初，鄭貴妃侍神宗疾。留居乾清宮。及帝嗣位。猶未移。懼帝以福王事銜己。陰與帝寵姬選侍（女官名）李氏相結。請立選侍爲皇后。選侍亦爲貴妃求封皇太后。禮部尙書孫如游力爭。乃止。帝既有疾。中外紛言貴妃所爲。給事中楊漣，御史左光斗昌言於朝。以大義責貴妃兄子鄭養性。貴妃恐。移居慈寧宮。帝崩。選侍欲據乾清宮。與心腹閹魏忠賢謀挾皇長子由校以自重。楊漣左光斗以選侍既非皇長子嫡母。又非生母。不得留居正宮。力爭之。選侍不得已。移居噦鸞宮。是爲移宮案。與挺擊案並稱三案。

皇長子由校卽位。是爲熹宗。年甫十六歲。太監魏忠賢與乳母客氏漸用事。中外皆恨李可灼妄用藥。而大學士方從哲擬遺旨賚可灼銀幣。御史王安舜首劾從哲。鄭宗周等繼之。廷臣追理前事。於是三案之爭紛起。爭三案者爲東林黨。以挺擊爲貴妃主謀。以進紅丸爲從哲之罪。以不移宮爲選侍之罪。以三案爲不足爭者爲非東林黨。以張差爲瘋癲。以紅丸爲有効。以移宮爲薄待先朝嬪御。朝端議論蠭起。紛如聚訟。從哲引咎乞休去。可灼遣戍。

自神宗末年以來。齊楚浙三黨爲政。黜陟之權吏部不能舉。光宗即位以後。周嘉謨爲吏部尙書。大起廢籍。向稱三黨之魁者漸自引去。嘉謨惡給事中霍維華傾狡。出之於外。維華故與魏忠賢結。忠賢嗾給事中孫杰劾嘉謨。罷之。大學士沈潅官翰林時。嘗授內侍書。忠賢從之受業。旣入閣。與忠賢結。言官交章劾潅。潅疑大學士劉一燝主之。與忠賢比而齮一燝。一燝乞休去。

左都御史鄒元標，副都御史馮從吾，自神宗時以建言削籍里居講學垂數十年。光宗卽位始召用，已而同官都察院。乃共建首善書院於京師。與同志高攀龍等講學其中。名望日重。而諸不附東林者咸忌之。會當京察。給事中朱童蒙郭允厚，郭興治，慮爲元標所黜。乃交章劾元標等植黨沽名。請毀書院。中旨謂宋室之亡。由於講學。將加嚴譴。大學士葉向高力諫。乃解。元標從吾並引疾歸。

是時葉向高爲首輔。與劉一燝及大學士韓爌皆右東林。趙南星爲左都御史。與吏部尙書張問達掌京察。黜去齊楚黨首領亓詩敎趙興邦等。天下快之。已而問達罷。南星爲吏部尙書。掌銓政。李騰芳陳于廷佐之。高攀龍，楊漣，左光斗秉憲。魏大中，袁化中長科道。鄭三俊，李邦華，孫居相，饒伸，王之寀輩悉居卿貳。衆正盈朝。激揚諷議。忠賢頗憚之。於外事未敢大肆。然而君子小人互相水火。大禍迫於眉睫矣。

第六節　東林黨與魏忠賢之衝突

先是世宗在位。馭內臣頗嚴。有罪者撻之至死。或陳尸示戒。故雖興邸舊閹，提督東廠，掌司禮監者。亦不敢大肆。神宗末年。刑罰縱弛。廠衛緝捕亦漸稀簡。詔獄至生青草。熹宗天啓三年。以魏忠賢提督東廠。田爾耕掌錦衣衛事。許顯純爲鎮撫司理刑。三人皆殘忍。大興羅織之獄。縉紳之禍自此始。

忠賢初名進忠。少無賴。善騎射。嘗與悍少年博。不勝。爲所窘。憤而自宮。入內廷。夤緣爲熹宗生母王才人典膳。熹宗爲皇太孫時。忠賢與客氏比。熹宗卽位後。司禮太監王安素剛正。常勸帝行諸善政。發帑金濟邊。起用建言得罪諸臣。諸大臣倚以爲助。忠賢屢謀侵權。安重懲之。忠賢懼。乃與客氏共謀。嗾給事中霍維華劾安。矯旨命安充南海子淨軍。殺之。客氏淫而狠。忠賢不知書。頗强記。猜忍陰毒。好諛。帝深信之。兩人愈相結。引用羣小爲爪牙。凡章奏皆其黨李永貞等先閱視。鈐視竅要。白忠賢議可否。然後行。帝性機巧。好親斧鋸椎鑿髹漆之事。每引繩削墨。忠賢輒奏事。帝厭之。謬曰。『朕已悉矣。汝輩好爲之。』忠賢因得擅威福。勸帝選武閹。鍊火器。設內操兵士萬人。衷甲出入。鉦砲喧震內外。給事中惠世揚周朝瑞等上疏諫。不聽。又因私怨殺光宗選侍趙氏。幽殺裕妃張氏。皇后張氏數於帝前刺客魏過失。后有娠。客氏以計墮之。帝由此乏嗣。

忠賢雅重趙南星。遣其甥謁之。拒不納。大學士魏廣微，南星通家子也。以謟附忠賢得入閣。三至南星門。謝弗見。二人皆怨。比而齕之。於是忠賢與東林黨漸生嫌隙。　自帝即位以來。給事中周朝瑞，御史黃尊素，周宗建等。屢上疏劾忠賢。帝不問。四年。左副都御史楊漣上疏。劾忠賢二十四大罪。忠賢泣訴於帝。客氏庇之。帝責漣。釋忠賢不問。廷臣忿憤。先後交章劾忠賢者百餘人。帝皆不聽。忠賢怒。矯旨杖殺工部郎中萬燝以示威。大學士葉向高力諫。不聽。引疾去。韓爌亦相繼乞休。於是內閣之權入於閹黨。顧秉謙，魏廣微手。漣疏中有『門生宰相』一語。秉謙廣微見之恨甚。遂以己意點縉紳一册。以葉向高，韓爌，繆昌期，趙南星，高攀龍，李邦華，鄭三俊，楊漣，左光斗，魏大中，黃尊素，周宗建，李應昇等。凡百餘人。目爲邪黨。以賈繼春，霍維華，阮大鋮等五十六人爲正人。進之忠賢。俾據是爲黜陟。

御史崔呈秀巡按淮揚。贓私狼籍。左都御史高攀龍發其奸。趙南星議戍之。呈秀窘。乞援於忠賢。誣南星攀龍與給事中魏大中選郎夏嘉遇等朋謀結黨。罷之。旋劾吏部侍郎陳于廷及楊漣左光斗籍。而以閹黨徐兆魁喬應甲王紹徽代之。紹徽編東林黨一百八人。繫以宋時淮南盜宋江等諸名目爲點將錄。獻之忠賢。俾按名黜陟。呈秀復進天鑒錄及同志錄。備載東林黨人及不附東林諸人姓名。由是羣小無不登用。善類爲之一空。有五虎五彪十狗十孩兒四十孫之號。而呈秀爲之魁。凡異己者皆指爲東林黨而去之。淸流之禍。遂不可解。

五年。御史楊維垣首翻三案。霍維華繼之。痛詆劉一燝韓爌楊漣左光斗等。中旨免李可灼戍。給事中阮大鋮與左光斗魏大中有隙。囑其同官傅櫆劾內閣中書汪文言與光斗大中交通爲奸利。逮文言下詔獄。廷杖。除名爲民。魏忠賢欲羅織東林。復逮文言下北鎭撫司獄。使許顯純訊之。顯純斃文言於獄。手代作供狀。誣楊漣左光斗魏大中及前御史袁化中太僕少卿周朝瑞陝西副使顧大章等六人受前遼東經略熊廷弼賄。逮下獄。皆用慘刑斃之。並殺廷弼。傳首九邊。削趙南星繆昌期王之寀李三才惠世揚等籍。戍南星於振武衛。

卒於戍所。御史張訥希忠賢旨。上疏力詆鄒元標，孫愼行，馮從吾等。請毀其講學書院。詔削元標等籍。毀天下書院。御史盧承欽希忠賢旨。上言「自東林顧憲成，李三才，趙南星而外。如王圖，高攀龍等謂之副帥。曹于汴，湯兆京，史記事，魏大中，袁化中謂之先鋒。丁元薦，沈正宗，李林，賀烺謂之敢死軍人。孫丕揚，鄒元標，謂之土木魔神。宜一切榜示海內。俾奸慝無所容」。忠賢大喜，悉刊黨人名示天下。已罪未罪，悉入其中。給事中楊所修希忠賢旨。請集三案疏章。倣明倫大典編輯爲書。頒示天下。霍維華亦以爲言。從之。六年正月。作三朝要典。以顧秉謙等爲總裁。極意詆諆東林。暴揚罪惡。書成。命秉謙擬御製序文冠其首。刊布中外。

崔呈秀恨高攀龍。必欲殺之。與忠賢密謀。誣攀龍與前蘇松巡撫周啓元交結。乾沒帑金。六年四月。逮攀龍，啓元與前吏部員外郎周順昌，諭德繆昌期，御史李應昇，周宗建，黃尊素，攀龍聞警。自沈於池。順昌，啓元等被逮至京。並下鎭撫司獄。先後搒掠死。七年。復追究三案。逮前刑部侍郎王之寀下獄。斃之。戍前禮部尚書孫愼行於寧夏。凡與東林黨有關係者。先後被禍。緹騎四出。道路爲愁。

浙江巡撫潘汝楨，疏請建忠賢生祠於西湖。賜額曰普德。勒石記功德。閣臣撰文書丹。蘇松巡撫毛一鷺。繼之自是諸方效尤。幾徧天下。疏辭揄揚稱以「堯天舜德。至聖至神。」閣臣輒用駢語褒答。旋以三殿告成。進忠賢爵上公。從子良卿寧國公。親戚黨與皆進秩。章奏無巨細。輒頌忠賢稱廠臣不名。山東奏產麒麟。閣臣票旨言「廠臣修德。故仁獸至。」監生陸萬齡請以忠賢配孔子。忠賢父配啓聖公。其疏曰「孔子作春秋。廠臣作要典。孔子誅少正卯。廠臣誅東林黨人。禮宜並尊。」詔從之。於是忠賢遂與孔子同受享於國子監。士習如此。人心如此。朝野上下。無貴無賤。俱奴顏婢膝低首下心於權閹之下以求富貴。禮義廉恥業已喪盡。明事遂不可爲矣。

第七節　黨禍之結果

熹宗在位七年崩。忠賢謀篡位。崔呈秀以爲時未可。乃迎皇弟信王由檢入即位。是爲莊烈帝。帝素稔忠賢惡。深自儆備。御史楊維垣首劾呈秀以嘗帝意。詔罷呈秀。於是主事陸澄源，員外史躬盛等交章劾忠賢，詔放忠賢於鳳陽。榜其罪示天下。尋命錦衣衛逮治忠賢。知不免。自縊死。追戮其尸。誅客氏及呈秀等。魏氏客氏家屬皆棄市。附和之徒，悉加貶謫。毀三朝要典。竄昭諸臣咸與贈邮。又欽定逆案。分贊導擁戴頌美諂附四目。分六等處刑。於是閹黨皆盡。天下欣欣望治。而朝士朋黨傾軋貪戀富貴不恤國事之習已成。迄不能改。帝又闇於知人。所用之大臣。若溫體仁周延儒，楊嗣昌等。皆庸劣卑鄙。而帝尊信之。既各以事敗。則謂大臣皆不可信。而復專任宦官。布列要地。舉措乖方。卒以致敗。又其用人也。責效太速。且易受讒言。故每不專不久。十七年之間。易相至五十人之多。薊遼督師袁崇煥之死。蓋尤爲寡恩而失計者。此其所以亡也。自是以後。歷史上漢民族建立之大帝國告終。滿洲民族建立之大帝國始成立矣。

第八節　黨禍之餘波

北都既陷。莊烈帝殉國。報至南京。參贊機務兵部尚書史可法方督師勤王。次浦口。諸大臣議立新君。時福王由崧，潞王常淓，俱以避賊南來。倫序當屬福王。而以德則潞王賢。鳳陽總督馬士英利福王昏庸。與操江誠意伯劉孔昭，總兵高傑等定策立之。迎福王至儀眞。連營江北。勢張甚。可法不得已。奉福王即位。士英自爲首相。出可法督師江北。引逆案中巨魁阮大鋮爲兵部侍郎。旋晉尚書。相與排斥正人。吏部尚書張愼言，侍郎呂大器，大學士姜日廣，高宏圖，左都御史劉宗周等。皆以宿德重望在位。相繼被逐。盡召逆案中楊維垣虞廷弼等十餘人布列要路。浙江巡按御史左光先者。光斗之弟。故與大鋮世仇。又嘗首劾士英大鋮誣以罪。逮下獄。而盡雪逆案。賈繼春等。楊維垣追論三朝當局。力詆王之寀楊漣等。而爲霍維華等訴冤。乃命重頒三朝要典。宣付史館。追卹逆案諸臣。有狂僧大悲，自稱齊王。逮下詔獄。大鋮欲假以誅東林及素所不合者。因造十八羅漢五十三參之目。書史可法高宏圖等名。一時人望無不備列。納大悲袖中。將窮治其事。士英不欲興大獄。乃只誅大悲。諸人得免。是時士英當國。引大鋮爲謀主。內則與在廷諸清流爲難。外則與寧南侯左良玉搆釁。朝政兵事日即腐敗。清兵南下。可法殉國。明室遂以不祀矣。

第十章　清末帝后黨之爭

第一節　戊戌政變之原因

清室以滿洲民族。入主中國對於本地舊來主人翁之漢民族。先天上既有隔閡之勢。又用狹義之程朱道學爲儒教之正軌。牢籠一般漢民族心理。以消磨其跋扈梟雄之氣。又用八股文章，律詩律賦，小楷取士。使一般聰明智慧之士。雖有高才無處發展。不得不斂才就範。凡縉紳上流束身自好之士。皆由此途出身。其結果。率天下之人趨於鄉愿。無論對於國家。對於社會。皆以「不求有功，但求無過」八字。爲唯一不二持身涉世之格言。無一特立獨行，敢爲破格之舉者。故有清一代無黨禍發生之機會。及其末年。外患劇烈。國家及社會各方面無一不受極端壓迫。國民之氣磅礴鬱結。不安於舊來狀態。勢不能不求變更。年少氣銳胸無成見之德宗。受四圍環境之影響。乃毅然登庸新進。大行改革。盈廷親貴大臣。多半頑固腐敗。語以外來新法。率皆莫明其妙。又因個人利害關係。嫉視新進諸子。目爲漢奸洋奴。而維新諸君子。又皆年少氣盛。瞻前不顧後。以得君不專行政不久之身。欲爲旋乾轉坤之舉。革新之詔。月數十下。百日之間。革除清室歷來弊政大半。守舊黨迫於利害關係。乃奉文宗愛妾，穆宗生母，德宗嗣庶母，當時名義上已歸政，實際上仍攬權，之孝欽顯皇后爲主。與德宗競爭后黨帝黨相持不下。新者極新舊者極舊。朝廷之上勢成水火。宮闈之中蜚語四起。遂使孝欽顯皇后日暮途窮倒行逆施三出訓政。奪據主權。舉朝右主張變法及贊助變法諸臣皆處以誅戮放逐禁錮之刑。幽帝於瀛臺名爲養病。實則拘囚。遂使銳意圖強之德宗憂愁抑鬱寖成痼疾。竟至不起。國民中之發憤求自強者乃不得不於清廷以外。別組織新團體。以求達到改革目的。於是維新黨及守舊黨之勢力皆衰。革命黨之勢力乃大起。有清二百六十餘年之社稷。遂以不祀矣。

第二節　德宗變法之動機

清室自乾隆末年。宰相和珅當國。攬權植黨。賄賂公行。吏治大壞。川湖陝之教匪，浙閩粵之海賊，相繼蠭起。國勢寖衰。嘉慶初年。竭全國之力。經營十數年。僅得蕩平之。而天理教徒之林清李文成，回教徒之張格爾，復相繼作亂。及道光末年。鴉片之戰。爲英人所敗。締結江寧條約。割讓香港。逼開五口通商。出償金二千一百萬兩。於是清室積弱情形。始大暴露於天下。　咸豐初年，髮匪捻匪相繼作亂。東南半壁多爲所陷。曾胡左李諸名將。竭十餘年之心血。僅得蕩平之。而粵督葉名琛復一誤再誤。激成廣州之役。英法以少數聯軍攻破北京。爲城下之盟。於是淸室積弱情形。益爲歐人所藐視。文宗穆宗相繼早夭。德宗沖齡以醇親王長子。入嗣大統。孝欽顯皇后以文宗愛妾。臨朝稱制。在中國國體上，在淸朝家法上，已成變局。孝欽有縱橫跋扈駕馭羣雄之才。而驕奢汰侈。不恤民隱。賣官鬻爵。賄賂公行。吏治益壞。德宗幼年在孝欽膝下長成。備受冷酷嚴峻之待遇。習見國事日非。外患日迫。人才日缺。乏之財政日困難。武備日廢弛。民生日憔悴。而深宮之中。方日以行樂爲目的。寵任宦官宮妾。提海軍經費。修頤和園。築萬壽山。鑿昆明湖。終日盤遊無度。汲汲顧影。惟恐不逮。更無餘暇經營國事。朝臣之大多數。泄泄沓沓。醉生夢死。酣嬉歌舞。粉飾昇平。其黠者營私舞弊。無惡不作。庸者旅進旅退。除去脚靴手版磕頭請安以外。無所事事。以此等女主。此等大臣。立於十九世紀之文明社會。與歐風美雨相播蕩。萬無幸存之理。德宗惄焉憂之。思有所變更以應時勢。而環顧朝臣。無一可與共談國事者。法越戰役起。中法搆兵。雖互有勝負。而越南卒爲法所滅。英人取均勢之局。進滅緬甸。暹羅亦乘機獨立。琉球先已入於日本。於是外藩盡撤。甲午戰役起。中日二國因朝鮮有違言。中國以獅子搏兎之力而不勝。日本以螳臂當車之勢而不敗。其結果，割臺澎。償兵費。續開四埠通商。爲有淸對外戰爭以來第一次大失敗。李鴻章取聯俄主義。慫恿孝欽以東三省鐵路幹線之敷設權及旅順大連二港之租借權與俄。歐洲列強援利益均沾之例。相繼租借膠州灣，威海衛，廣州灣，九龍以爲抵制。發生最近無數葛藤。司法權，財政權，軍政權，無一不受外人牽掣。無自由發展之餘地。於是朝野上下。逐漸覺醒。知非大行改革。不足以圖自立。維新黨首領康有爲始以布衣上書天子。慫恿德宗勵行新政矣。

第三節　德宗變法之成績

自咸豐同治以來。中國疊經外患。當局者始漸知西人之長技。思所以效法而自強。設製造局以製新械。設方言館以養譯才。設招商局以爭航利。派學生出洋以輸入新知識。用客卿美人蒲安臣爲大使以聯邦交。其他如練兵通商造路開礦諸大端。皆次第舉行。然變法不知其本。故行之已數年。於國勢之孱弱。仍莫克振救。

光緒十六年。德宗行大婚禮。孝欽始歸政。然一切用人行政大權仍在孝欽手。內則宦官李蓮英，外則軍機大臣孫毓汶等，皆爲孝欽耳目。每遇帝召見羣臣。輒令內監於屏風後竊聽。所以束縛帝者甚嚴。甲午戰役以後。外患日迫。中外士大夫。多有知舊政不良。而思改革者。有志之士。羣相與譯新書。談新學。歷史上遺傳之排外自大之氣。爲之一變。粵東布衣康有爲屢上書言時政。格不得達。乃倡强學會於上海。創立時務報館。以其門人梁啓超等爲主筆。啓超才人。富於常識。立論婉轉透闢。能以啓發人心。銷行甚旺。風聲所樹。舉國傾動。中華革新之機。實肇端於此時。一時康梁之名。震於海內。政府大臣多有思羅致而推薦之者。軍機大臣恭親王奕訢不以急進爲然。乃止。

是時戶部尙書協辦大學士翁同龢以上書房總師傅，兼軍機大臣，輔政。同龢與帝有師弟關係。朝夕進見。得君最專。見康有爲之著作。大驚服。備以其議論奏聞於上。上毅然有變法自强之志。光緒二十一年六月。適當中日議和以後。創鉅痛深。乃密令同龢擬詔勅十二道。將布維新之令。孝欽覺之。逼帝撤同龢毓慶宮行走。奪上歷來信用之侍郎汪鳴鑾，長麟等職。於是帝與太后。漸生嫌隙。變法之議。亦中止。二十三年十二月。德人襲據膠州灣。有爲復馳赴北京。上書極陳事變之急。是時有爲已通籍。授工部主事。乃請堂官代奏。清制除去給事中御史以外非各部院寺各省長官不許專摺奏事堂官惡其伉直。屏斥之。然京師一時傳抄殆徧。給事中高燮曾嘉其忠。抗疏薦之。二十四年正月。命王大臣傳有爲至總署。（即後來之外交部）詢問天下大計。并令如有所見及有著述論政治者。皆由總署進呈。於是有爲之書皆蒙御覽。上稱善。翁同龢復面薦於上。謂『有爲之才。過臣百倍。請上舉國聽之。』上以爲然。詔有爲具疏統籌全局。是年四月。弈訢卒。同龢謀於上。決計變法。二十三日。下詔定國是。二十八日。召見有爲。上以廷臣守舊阻礙變法爲憂。有爲曰『請上勿去舊衙門。而惟增置新衙門。勿黜革舊大臣。而惟薦擢小臣。不必加其官。而惟委以差事。賞以卿銜。許其專摺奏事足矣。彼大臣向來本無事可辦。今但仍其舊。聽其尊位重祿。而新政之事。別責之於小臣。則守舊大臣。既無辦事之勞。復無失位之懼。則怨謗自息矣。』上以爲然。命有爲在總理各國事務衙門（即總署）行走。許專摺奏事。梁啓超辦理譯書局事務。於是維新黨首領始獲進用。太后不悅。逼帝免同龢官。而以后黨榮祿爲直隸總督北洋大臣。總統近畿諸軍。裕祿爲禮部左侍郎。在軍機大臣上行走。以偵政局內情。

是時朝士顯分新舊兩黨。舊黨多親貴大臣。附利太后。與帝爲難。世人混名之曰老母班。新黨多少年後進。贊成帝意。反對舊黨。世人混名之曰孩子班。上欲悅太后意。命二品以上大臣。補官陛見。均詣太后前謝恩。外官一體奏謝。大臣知上無實權。對於康有爲所上請開制度局及增置十二局之疏。交總署及軍機處議覆者。遷延數月。迄不作覆。及上催促急。乃盡行駁斥。上雖責之而無如何。太后與大臣忌有爲在京。授意於大學士孫家鼐。上疏，請派有爲赴上海督辦官報。

是時有爲與內閣侍讀楊銳等，開保國會於京師。研究改革之策。勸帝下詔。廢八股文及律詩律賦小楷。改試策論經義。以搜求人才。設京師大學堂。命各省府廳州縣，籌備高等學，中學，小學。兼習中西學科。以養成後進。變通武科。廢止弓刀石。改試槍礮。變更兵制。命京營兵改習洋操。以整頓武備。命各省督撫裁撤冗兵。力行保甲。以節餉需。開辦中國通商銀行。以活動金融。設礦務鐵路總局，農工商總局於京師。命各省設立商會。上海設總商會。以提倡實業。裁撤駢枝衙門。以省經費。廣開言路。命各省藩臬道府，專摺具奏。州縣等官，由督撫原封呈遞。士民上書，由本省道府隨時代奏。以達下情。又諭各省士民，有能著新書製新器者。國家給以優獎。保其專利。有捐貲自辦學堂者。優與獎勵。以提倡文化。蓋自四月二十三日下詔定國是以後。至七月杪。爲時不過九十餘日。新頒之新政與變更或廢止之舊政凡數十種。雖爲日有限未收實效。然帝之心力固已瘁矣。

第四節　新政之推翻與新黨之逮捕

先是穆宗升遐。太后欲專國政。利立少主。故迎德宗嗣位。及帝稍長。英明漸露。后頗憚之。所以箝制之者甚厲。帝親政後。滿廷親貴大臣皆附和太后。帝年漸長。求治之心頗切。思欲得一二通才，以資馳驅。光緒二十年。擢編修文廷式爲侍讀學士。以志銳爲侍郎。廷式者，瑾妃珍妃之師。志銳則其兄也。當時二妃頗能進言。故太后忌之。誣以罪。廷杖二妃。降爲貴人。竄志銳烏里雅蘇臺。廷式托病出京。僅得免禍。　甲午戰敗以後。上用翁同龢言。黜軍機大臣孫毓汶，徐用儀。太后不悅。撤同龢毓慶宮行走。俾不得與上接近。黜工部侍郎汪鳴鑾，兵部侍郎長麟，侍讀學士文廷式，以孤上黨。上旋以翁同龢爲軍機大臣。輔政。太后滋不悅。二十四年四月。上召見康有爲。謀行新政。后即逼上黜同龢以爲抵制。於是母子之間。嫌隙益深。上愈形孤立。

有爲開保國會於京師。新進之士多贊助之。守舊大臣不悅。御史黃桂鋆，李盛鐸，潘慶瀾，文悌等相繼上疏彈劾。悌言尤誕妄。謂保國會宗旨在「保中國不保大清。」軍機大臣剛毅請查究會中人。上不許。黜文悌以警其餘。於是守舊黨滋不悅。 梁啓超聯合舉人百餘人上疏請廢八股取士之制。都察院，總理衙門，皆不肯代奏。時會試舉人集輦轂下者將及萬人。皆與八股相依爲命。聞啓超等此舉。嫉之如仇。已而詔廢八股。改試策論。舉國迂謬守舊之人。失其安身立命之業。徧播謠言。誹謗新政。禮部尙書許應騤百計阻撓廢八股。御史宋伯魯楊深秀交章劾之。應騤乃轉劾有爲以爲牽制。上兩不問。

候補京堂岑春煊上書請大裁冗員。上從之。裁撤向來無事可作之詹事府，通政司，光祿，鴻臚，太常太僕，大理寺及與總督同城之湖北廣東雲南三巡撫，並東河總督，與各省不辦運務之糧道，向無鹽場之鹽道。其餘京外應裁文武各缺。命大學士六部各省督撫，分別詳議以聞。於是前者尸位素餐闒冗無能妄自尊大之人。多失其所恃。京師訛言康有爲欲盡裁六部九卿衙門。人心皇皇。更有與維新諸臣不兩立之勢。被裁撤者謂帝違背祖制。多赴寧壽宮請太后保全收回成命。后笑而不答。 上屢詔小臣上書言事。長官不得阻抑。禮部主事王照上書請上遊歷外國。堂官不爲代奏。事聞。上惡其壅蔽。革尙書懷塔布許應騤等六人職。擢照候補四品京堂以賞言者。於是守舊黨益側目。懷塔布立山等率內務府人員數十人環跪於太后前哭訴上之無道。於是后與帝感情益惡。

是時帝銳意改革而軍機大臣皆守舊黨。不能奉行帝意。帝又扼於太后。不能驟易大臣。乃加內閣候補侍讀楊銳，刑部候補主事劉光第，內閣候補中書林旭，江蘇候補知府譚嗣同，四品卿銜。在軍機章京上行走。參預新政。銳光第皆保國會會員。旭爲康有爲弟子。嗣同爲有爲親信之人。自是凡有章奏皆經四人閱覽。凡有上諭皆由四人擬稿。軍機大臣側目而視。

是時維新詔書屢下。對於革除舊弊之事。再三致意。其中有「命八旗人丁。如願出京謀生計者。任其自由」之語。於是向來不仕不農不工不商專恃口糧爲生計之滿族憤民。羣起大譁。謠謗紛起。　又中國淫祠。向來最盛。虛糜錢帑。供養莠民。最爲國家之蠹。上乃下詔。將天下淫祠悉改爲學堂。於是奸僧惡巫咸懷咨怨。京外各大寺僧人交通內監。行浸潤之譖於太后。謂上已奉西教。於是后與帝益交惡。時局至此。朝野上下。無論滿漢貴賤僧俗。多數反對新政。於是向來以心思陰險手段老辣著名之孝欽顯皇后乃沈機觀變。乘釁而起矣。

自是年四月以來。京師謠言。皆謂帝病重。然帝日日召見臣工。固未嘗有病也。及革禮部六堂官。擢四京卿。守舊黨皆側目。滿洲大臣懷塔布御史楊崇伊等先後至天津。與榮祿謀。請太后復訓政。時近畿諸將中。惟袁世凱久使朝鮮。諳中外之故。帝欲引爲己用。乃召見世凱。超擢候補侍郎。賜以密詔。命奪榮祿兵柄。世凱還津。盡以語榮祿。榮祿疾馳入京上變於太后。謂帝信康有爲等逆謀。將圍頤和園。不利於太后。后大怒。八月十六日。復臨朝稱制。幽帝於南海之瀛臺。逮楊銳，林旭，劉光第譚嗣同楊深秀及康有爲之弟廣仁，下獄。殺之。革康有爲，梁啓超，王照，宋伯魯職。有爲等走免。詔逮捕其族屬。查抄其家產。革禮部尚書李端棻，戶部侍郎張蔭桓職。遣戍新疆。下禮部侍郎徐致靖及其子湖南學政仁鑄，編修仁鏡於獄。革湖南巡撫陳寶箴及其子吏部主事三立，署禮部侍郎王錫蕃，出使日本大臣黃遵憲等職。凡與新政有關係諸臣皆黜免。復置已裁撤之詹事府等衙門及各省冗員。廢農工商總局。停止各省府廳州縣所籌辦之高等中小學堂。復文科八股及武科弓刀石取士之制。廢官報局。禁止士民上書。命各省督撫查禁全國報館。嚴拿主筆。禁止集會結社。拿辦會員。凡從前創行之新政。一律推翻。變更及廢止之舊政。一律復故。復密謀廢立。命軍機處密電各省督撫。徵取同意兩江總督劉坤一，廣東布政使岑春煊，上海紳士經元善及南洋羣島諸華商，皆抗電力爭乃止。

第五節　戊戌政變之結果

孝欽謀廢立不成。乃於光緒二十五年。立端郡王載漪（文宗猶子德宗從兄）之子傅儁為大阿哥。（滿語即皇太子）嗣穆宗後。以為將來廢立之基。命尚書崇綺，大學士徐桐傅之。命載漪管理總理各國事務衙門。以榮祿為軍機大臣節制北洋諸軍。與軍機大臣剛毅趙舒翹等同輔政。載漪等皆不學頑錮。於世界之事茫無所知。國事益壞。

自戊戌政變以來。康有為，梁啓超藉英日人之保護。出走海外。政府捕之急。各國以國事犯無交出之理。拒絕引渡。政府無如之何。有為在南洋。聞廢立之風說。深為帝危。乃結同志立保皇會。言者謂會中宗旨在「保皇帝不保太后」。啓超在日本。著「戊戌政變記」一書。於太后失德事言之甚詳。太后覽之。慚憤泣下。而報館之倡言攻太后者。又以外人保護。不能嚴加懲治。因此之故。致怨於外人。適值白蓮教遺孽蠭起山東。蔓延及於直隸。仇視天主教徒。肆行殺戮。借「助清滅洋」為口實。自稱義和團。山東巡撫毓賢，直隸總督裕祿信之。縱其屠戮外人及各處教徒。載漪等亦欲借以排斥外人在中國之勢力。乃慫恿太后對各國宣戰。釀成八國聯軍破北京之禍。太后挈帝出奔西安。命李鴻章爲全權大臣。與各國使臣議和。誅戮禍首。賠款海關銀四百五十兆兩以謝罪。是爲庚子之變。時光緒二十六年也。

次年。各國撤兵。太后挈帝還京。而俄人據東三省不肯退。日本以東三省與日接近。深懼俄人得之，爲心腹之患。屢次抗議。俄人不應。朝廷又無力強制俄國撤兵。遂釀成日俄之戰。自此以後。太后知仇外之非。不能不議改革以從民望。乃於二十六年十二月。復下詔變法。而諸事因循敷衍。不能滿國民慾望。湖南志士唐才常首先起兵漢口。謀奉帝復位。不克而死。廣東志士孫文，湖南志士黃興等繼之。組織同盟會以與淸廷抗。屢次起兵。屢次失敗。氣不少衰。

三十四年。帝與太后相繼崩。遺詔以醇親王載灃（帝胞弟）子溥儀嗣位。命載灃爲攝政王監國。自此以後。親貴用事。組織皇族內閣。國事益壞。

宣統三年。宣布鐵路國有政策。借外國款。收回各省之商辦鐵路。四川人民首先抗議。總督趙爾豐以武力鎭壓之。戕殺紳商多人。人民大憤。各處蠭起拒命。於是川亂遂不可制。

是年八月十九日。武昌民軍起義。奉協統黎元洪爲都督。分兵下漢陽漢口。湘皖蘇贛秦晉雲貴浙閩桂粵等省蠭起應之。

組織政府於南京。舉孫文爲臨時大總統。命黃興組織內閣。清廷震駭。下詔退位。清室遂亡矣。

結論

綜合以上所述。約得斷定如左。

一、中國全盛時代無黨禍。如舜時之五臣。周初之十亂。雖有聯帶關係。然本來非黨。無所謂黨禍也。衰弱時代或漸瀕於衰弱時代有黨禍。前者如東漢末年之鉤黨，明末之東林黨，清末之維新黨皆是。後者如有唐中葉以後之牛李黨，北宋中葉以後之新舊黨，南宋中葉之僞學黨皆是也。

二、士大夫與宦官競爭時。大率士大夫常居劣敗地位。宦官常占優勝地位。如李杜陳竇諸賢之對十常侍，劉健謝遷諸賢之對劉瑾，東林諸賢之對魏忠賢皆是也。

三、朝臣分黨互相競爭時。則君子常敗。小人常勝。如李綱之對李邦彥耿南仲黃潛善汪伯彥等，趙鼎張浚岳飛等之對秦檜皆是也。

四、競爭者之雙方皆士大夫時。則比較品行高尚者常敗。品行卑劣者常勝。李德裕對於牛僧孺。李精明強幹。工於斷制。有作事能力。牛陰柔圓滑。善於敷衍。有作官能力。李之前輩爲裴度，同輩爲鄭覃，陳夷行，李紳，皆君子。牛之前輩爲李逢吉，同輩爲李宗閔，楊嗣復，李珏，皆小人。故其結果，李在政治上雖成功。而個人之境遇。則完全失敗。牛在政治上。雖伴食多年。毫無成績。而個人之境遇。反得旅進旅退。竊寵榮以終其身。司馬光，王安石，雙方皆君子矣。然王之相續人。爲蔡確，章惇，蔡卞，蔡京等。皆陰險狡猾。富於權術。司馬之相續人。爲呂公著，呂大防，范純仁，韓忠彥等。頗公平正直。猶有書生本色。故其結果。舊黨完全失敗。在政界上之勢力。悉被排斥驅逐。無絲毫存留之餘地。新黨遂一時握有重權也。東林黨與宣崑黨，齊黨，楚黨，浙黨之關係亦如此。東林黨多君子。雖意氣用事。時或流於矯激。然居心光明磊落。無可非議。非東林黨多小人。苟利於己。無所不爲。故甘心與權宦握手。爲之作爪牙羽翼。雖犧牲國家有所不恤也。此外，若范仲淹，富弼，杜衍之對於夏竦，賈昌朝，王拱辰等。康有爲，梁啓超之對於剛毅，榮祿等。皆不出此例。

五、新舊分黨互相競爭時。適合於國民心理者勝。否則敗。宋時舊黨收最後之勝利，清時新黨收最後之勝利。因時代早晚不同。四圍環境亦異。故宋時大多數之國民甘心守舊。清時大多數之國民希望維新也。

六、學術上分派對峙時。時常帶有地方彩色。如儒學之於鄒魯。老學之於陳蔡。墨學之於宋鄭。法學之於齊秦。皆以一地方爲大本營。進而與他學派爭勝負於異地。其一時取威定霸於中原者爲法學家。其根據地皆大國。所憑藉者厚也。其卒能收最後之成功者爲儒學家。其敎義以忠孝爲主。適合於我國國民心理。爲專制君主及受專制之國民所歡迎也。政界上之黨派。亦時常帶有地方彩色。如北宋之洛黨蜀黨朔黨，明末之宣崑黨齊黨楚黨，浙黨皆是也。兩晉南北朝時代。雖政界無彰明較著之黨派。而社會上南北人時常互相排斥。亦不外此例也。

七、學術上各派對峙時。時常含有門戶之見。春秋戰國時代所謂孔氏之徒，老氏之徒，墨氏之徒，宋代王學之徒，程學之徒皆然。明代座主與門生之關係，業師與弟子之關係，以及最近世所謂東洋學派，西洋學派者。皆不外此例也。

準此以觀。吾不能不爲吾國前途危也。吾國可危之現象不止一端。

其一，曰吾國過去之社會狀態。乃適宜於小人。不適宜於君子也。夫物競天擇之公例。惟適者乃能生存。糞圍雖汚。羣蛆自得。池水雖濁。游魚雜居。惟其適也。孔子大聖人。而畏於匡。厄於陳蔡。不悅於魯衞。遭難於宋。栖栖皇皇。不遑寧處。孟子大賢。所如輒不合。朱子道學家。

僞學之禁正嚴時。幾乎人皆欲殺。康梁爲最近世先知先覺。淸廷懸賞格十萬以捕之。國中無望門投止地。不得不托庇外人宇下。惟其不適也。吾民族數千年生息於專制空氣之下。苟欲進取。必以詐僞。苟欲自全。必以卑屈。其最富於此兩種性質之人。即在社會上占最優勝之位置。而其稍缺乏者。則以劣敗而漸就澌滅。是故先天之遺傳。盤據於社會中。而爲其國民之公共性。雖有一二達識熱誠之士。苟欲攘臂爲生民請命。則時或不得不用詭秘之道。時或不得不爲偏激之行。曾文正，胡文忠，惟明於此義。故能利用官文爲傀儡。以買淸廷歡心。藉以成中興之功，康南海梁任公惟不屑於爲此事。故一觸怒孝欽。身幾死。君幾廢。政策完全推翻。而國亦隨以滅也。

夫李忠定，岳忠武，豈非當代所謂大賢者乎。其人之進退生死。恒關係於我國家我民族之盛衰存亡。使稍貶其節。游移其主張。則身可存。位置可留。權力可保。北宋可藉以不亡。南宋猶或藉以復興。然二公卒不肯委曲牽就。敷衍調停。逢迎朝廷之意旨。以達自己最終之目的者。孔子所謂『其智可及。其愚不可及也。』孟子曰。『人有所不爲也。而後可以有爲。』二公人格之高尚者在此。二公末路之失敗者亦在此也。

夫王甫曹節，秦檜，劉瑾魏忠賢之徒爲歷史上千人所指之惡人固不足以代表我民族也。然我民族中所尊重崇拜目爲大賢者其人格亦時常有令人不滿意之處。吾於魏晉之交。得二大人物焉。一曰王祥。琅琊士族。少以孝友著聞。魏之晚年以清流重望仕至太尉。嘗與司徒何曾司空荀顗，共詣當時權相司馬昭。顗謂祥曰。『相王尊重何侯與朝臣皆已盡敬。今日便當相率而拜無疑也。』祥曰。『王公相去一階而已安有天子三公可輒拜人者。君子愛人以禮我不爲也。』及入。顗拜而祥獨長揖。昭謂祥曰。『今日然後知君見顧之重也。』其高自位置受人尊敬如此。及魏室已亡。祥循例進位太保。封睢陵公。安富尊榮。毫無建白。優游沒世。薨謚曰元。子孫襲其名望。秉國鈞數百年。享大名居高位者代有其人。東晉及南朝佐命，皆爲其苗裔。福祚之長遠在帝室以上。一曰司馬孚。懿之次弟。懿父子之秉政也。孚優游魏室臺閣三十餘年。位至太傅。性忠愼嘗自退損。每逢廢立之際。未嘗預謀。魏主髦之被弒也。孚奔往。枕之股而哭甚哀。曰。『殺陛下者臣之罪也。』魏主奐之被廢也。出舍金墉城。孚拜辭流涕。歔欷不自勝。曰。『臣死之日固大魏之純臣也。』及晉武帝即位。大封宗室。孚循例封安平王。進位太宰。都督中外諸軍事。子望等七人皆封王。恩禮甚重。每元會。詔孚乘輿上殿。武帝於阼階迎拜。卽坐。親捧觴上壽。如家人禮。孚雖見尊寵。常有憂色。泰始八年。病篤。臨終遺令曰「有魏貞士河內司馬孚字叔達。不伊不周。不夷不惠。立身行道。終始若一。當衣以時服。斂以素棺。」薨年九十三。諡曰獻。詔賜東園溫明秘器。其家遵遺旨。一不施用。此二人爲當時元老。後世理想上之模範人物。計其生平事蹟。乃與三年不言之息夫人相類。足爲貳臣傳生色。無惑乎南北朝及後五代之大人物。若王謐，徐羨之，王弘，褚淵，王儉，王僧虔，王晏，王亮以及范質，王溥，魏仁浦等。皆以前朝宰相。爲後朝佐命。恬不知恥。而歷仕五朝八姓十一君之馮道。且自作長樂老敍。以詩耀其累朝榮遇之歷史也。古詩云。「鐫功奇石張弘範。不是胡兒是漢兒。」豈惟弘範。彼劉殷，張賓，王猛，尹緯，尹詳，崔宏，崔浩，郭重韜，安重誨，桑維翰，韓延徽，盧文進，趙延壽，張元，吳昊，高慶裔，史天澤，洪承疇，范文程等。凡異族據有中國內地稱王稱帝者。其佐命元勳。何一非漢兒哉。我國國民性如此。宜乎清末之大學士軍機大臣，內閣協理大臣，宣統廢帝之太保，洪憲皇帝之國務卿某公。一躍而爲民國大總統。帝制罪魁，復辟罪魁，安福俱樂部黨人某某等。皆邀特赦。或擢顯職。而帝制罪魁之首領綽號大財神某公。今且奉組閣之特命也。

由來過去之歷史。爲現在及未來之面影。我國過去政治界之狀況如此。則將來之社會。必至強者去弱者留。明者亡愚者存。陽剛之分子被淘汰。陰柔之分子被擢用。光明磊落之人物。受環境之壓迫。潔身引去。而陰險狡猾或圓活摸稜之人物。乃得恣橫跋扈。或委蛇牽就於其間。以獨占社會上應享之權利。白璧不可爲。庸庸多後福。舉朝野上下。無貴無賤。皆以傾險或柔媚手段爲持身涉世唯一不二之要術。率天下之人而爲大奸巨慝鄙夫鄉愿。此豈社會之福也。

其二曰，我國歷史上現出之國民性。乃適宜於專制。不適宜於共和也。由來君權最盛時代無黨禍。周之成康。西漢之文景。東漢之光武明章。唐之太宗高宗。宋之太祖太宗。明之仁宗宣宗。清之聖祖高宗。皆歷史上所謂昇平時代。當時君權圓滿無缺。對於大小臣工。頗能收身使臂臂使指之效。無所謂黨禍也。卽亂暴如秦始皇漢武帝隋煬帝，猜忌如漢高帝，隋文帝，明太祖成祖，清世宗。其在位時代。亦何嘗有黨禍。明太祖時有胡黨之獄藍黨之獄此君主欲加之罪故意加以黨名不得列於黨禍內也 因當時君權重壓力強也。歷代賢相若霍光，諸葛亮，張居正等。權相若王莽，曹操，司馬懿等。其當國時代。君權可謂微弱矣。然君權集於宰相一身。其壓力之強。與專制君主等。

無黨禍發生之餘地也。唐之黨禍。始於穆宗。盛於文宗。弱於武宗。而終於宣宗。因穆宗昏庸。文宗優柔。無辨別賢愚之智識。武宗英明。宣宗察察。有束縛黨人之魄力也。北宋新舊黨之爭。雖肇端於神宗時。然迄不成爲黨禍。至哲宗時禍始萌芽。至徽宗時禍始劇烈者。因神宗英明。乾綱獨振。舉措由己。無黨人弄權之餘地。哲宗幼弱。徽宗庸闇。容易爲小人所愚弄也。此外若漢桓靈明熹宗時代之黨禍。由於君主之幼弱愚暗。南宋高宗寧宗時代之黨禍。由於君主之優柔怯懦。清末之黨禍。因君主雖精明而不强幹。且大權旁落。君主徒擁虛位故也。

吾國賢士大夫。語及黨之一字。則蹙額掩耳。如不欲聞。試一按史乘陳跡。每當一姓之季。何莫非以黨爭而取滅亡。故黨爭者禍國之具也。其所以不能發生之原因。惟恃兩種勢力以制裁之。其一則明天子在上。無偏無黨。惟賢是用。故結托盤據者不得逞焉。其二則社會多數人皆知己身與國家共休戚。又略有判辨政治得失之常識。人民之自由意見。又得確實保障。以供主權者之採擇。促政府之履行。雖有野心家。苟非眞盡瘁於國利民福。而持之有故。言之成理者。不足以爲號召。不能有所憑藉以執國命。斯齷齪詐虞之術無所施矣。吾國人民。向來國家觀念薄弱。又乏政治常識。其自由意見。復無完全保障。無監督政黨之能力與志望。無能力，猶可希望將來經過幾番磨鍊以後。增長能力也。無志望則視國家之事。如秦人之視越人。漠然無所動於心。眞所謂自暴自棄者矣。故歷史上現出之黨禍。惟恃君主之力以預防之。若君主無力預防。則黨爭之結果。未有不亡國敗家喪身辱名者也。以此等民族而欲行共和政體。是猶聚多數之纏足婦人。驟赤其足使之競走。無怪乎十年以來。在朝在野之偉人政客。植黨營私者踵相接。政黨之名徧布於國中。而國家之困窮。地方之糜爛。人民之塗炭。且遠甚於淸室末年也。

其三曰。儒教之束縛太甚。士大夫不敢作破格之舉動也。孔子鑒周末貴族之極弊。思定一尊以安天下。故於權門疾之滋甚。而經傳中矯枉過直之言。遂變爲神聖不可侵犯之天經地義。如尙書所謂「惟辟作福。惟辟作威。惟辟玉食。臣無有作福作威玉食。」論語所謂「天下有道。則政不在大夫。天下有道。則庶人不議。」公羊傳所謂「人臣無將。將則必誅。」皆據亂世救弊之言。而二千年來君臣權限之理論所由出也。漢興。叔孫通公孫弘之徒。緣飾儒術以立主威。武帝表章六藝。罷黜百家。益弘此術以化天下。天澤之辨益嚴。而世始知以權臣爲詬病。爾後二千年來。以此義爲國民教育之中心點。宋賢大揚其波。基礎益定。凡縉紳上流束身自好者。莫不兢兢焉。義理既入於人心。自能消其跋扈梟雄之氣。束縛於名教以就範圍。范蔚宗後漢書論張奐皇甫規之徒。功定天下之半。聲馳四海之表。俛仰顧眄。則天命可移。而猶鞠躬狠狽。無有悔心。以是歸功儒術之効。誠哉然也。若漢之諸葛忠武，唐之郭汾陽清季之曾左李諸公，皆隱受其賜者也。若東漢末年鈎黨諸賢，明末東林黨諸賢，則陰受其害者也。吾聞近世立憲國之大宰相。進退百僚。改革庶政。風行雷厲。操縱如意。不顧毀譽。不避嫌怨。凡有舉措。固不必一定請求君主之同意。及大多數人民之諒解也。漢之宦官。不握兵柄。若欲收之。一獄吏足矣。陳竇諸公。既受顧命輔政。便當便宜行事。誅之以靖內亂。竇太后婦人。靈帝乳臭子。對於國家大計。素不明瞭。何必奏請以躭延時日。坐待事機敗露。明之魏忠賢雖握兵柄。然武力遠在薊遼經略孫承宗之下。承宗既請以賀聖壽入朝。（事在天啓四年）何不擁兵入清君側。而乃襆被遠來。中途聞詔書遽退。坐視權奸亂國。東林諸賢駢首受戮。而不敢過問。至閹黨詆之曰王敦李懷光。遽自引退。以明心迹。坐視關外之事破壞至於不可收拾。熹宗冲人。其初即位時。東林黨諸賢方秉政。既已知其非人君才。何不行伊霍之舉以安宗社。而乃坐視其任用憸人。濁亂天下。僅以口舌爭之。而不期其必有實効。其於束身寡過之義則得矣。其如天下大局何。蓋漢末明末諸君子。非不愛國。然愛國之心。不敵其好名之心。敢於殺身成仁而不敢犧牲名譽。為國家除害。則儒教之教義害之也。此外若李綱宗澤之對於汪黃。趙鼎張浚岳飛之對於秦檜。雖肝腦塗地。毫無悔心。論史者竊哀其忠。然高宗庸懦。貪戀大位。本來不足以有為。何不另選宗室之賢明者。擁戴之以圖恢復。而必費有用之精神。與此懦夫爭閒氣。論史者終笑其不智也。昔人論霍光曰。「不學無術。」吾謂正惟光不學。所以敢為破格之舉。若以鉤黨或東林黨諸賢當此難局。則漢之為漢未可知也。若易地以處。吾知光必以辣手婆心。誅權宦以安宗社矣。

其四曰，利己心之範圍太狹隘。見近而忘遠。顧現在不顧將來也。人也者。非能以一人獨立於世界者也。於是乎有羣。又非能以一羣占有全世界者也。於是乎有此羣與彼羣。一人與一人交涉。則內吾身而外他人。是之謂一身之己。此羣與彼羣交涉。則內吾羣而外他羣。是之謂一羣之己。同是己也。而有大己小己之分焉。當此羣與彼羣之角立而競爭也。其羣之結合力大而強者必勝。薄而弱者必負。結合力何以能大能強。必其一羣之人。常肯絀身而就羣。捐小己而衞大己。於是乎愛他利他之義生焉。聖人之不言利己也。惡其爲羣之賊也。人人知有身不知有羣。則其羣忽渙落摧壞。而終被滅於他羣。理勢之所必至也。我國人不知羣之物爲何物。羣之義爲何義也。故人人心目中。但有一身之己。無有一羣之己。其所組織之黨。非以國家之目的而結合。乃以個人之目的而結合者也。宦官閹黨奸臣之結合。以勢力。以權利。以名位。士君子之結合。以意氣。以好名心。其存心雖有善惡之殊。目的物雖有清濁之異。而其以個人爲本位，不以國家爲前提，則一也。此等黨派。不得謂之政黨。只能謂之朋黨。朋黨之特徵有五。一曰，以人爲結合之中心。不以主義爲結合之中心。二曰，不許敵黨存在。三曰，以陰險狠戾之手段相競爭。四曰，黨內復有黨。五曰，其烏合也易。其鳥獸散也亦易。試一考我國歷來之黨爭。其絕對不犯此五種特徵者。殆無一焉。非惟小人之黨如是。卽號稱賢士大夫之黨。亦何嘗不如是也。此等黨派勃興之國。非特霾曀其政界。亦且漓散其民德。而黨之壽命亦必不永。大抵與國俱亡。或先自亡而國亦隨之。何也。彼合多數個人之私目的。決無由成爲一國家之公目的。無公目的。則決無以爲繼續結合之具。其安能久也。然雖不久。而其痡毒國家。已不可計及矣。

其五曰，地方之觀念太重。有族民資格。無國民資格。有村落思想。無國家思想也。吾國社會之組織。以家族爲單位。不以個人爲單位。所謂「家齊而後國治」也。周代宗法之制。在今日其形式雖廢。其精神猶存。試游我國村落。其自治規模粗備也。而一至大都會。則混雜淩亂。不可思議。政治界，教育界，實業界中之大小人物。各私其親戚。各黨其鄉人。爭權奪利。互相排斥。雖犧牲國家及團體之利益，而所有不恤。此等狹義之愛鄉心。實爲建立國家一大阻力。而其所由來。則皆古來之歷史養成者也。廉頗用趙子房思韓。孔子設壇洙泗。子夏教授西河。古人行之本爲美德。而其發達過度之結果。遂變爲以地方爲本位之黨爭。南北朝時代。北宋中葉。有明末年。皆曾蹈其覆轍。而現在則方興未艾者也。

其六曰，議論多而成功少。工於措詞。拙於實踐。勇於爭論。怯於履行也。李膺之誅張朔也。親率吏卒捕朔。付洛陽獄。受辭畢。即殺之。漢桓帝延熹八年 陽球之誅王甫也。收甫父子送洛陽獄。自臨考之。五毒備極。悉死杖下。漢靈帝光和二年 手段何其狠辣。楊一清之誅劉瑾也。假手於張永之奏捷。明武宗正德五年 徐階之誅嚴世蕃也。藉口於刑部之獄詞。明世宗嘉靖四十四年 心思何其陰險。然以之輔昏主。誅姦入。則賢於十萬師遠矣。陳竇諸君子及東林黨諸賢昧於斯義。曉音瘏口。

拚死命以力爭。而彼昏不知。方且視宦官如骨肉。（漢靈帝常曰張常侍是我公趙常侍是我母）目大閹爲聖賢。（明熹宗天啓七年祀魏忠賢於國子監配孔子）惡諸賢之瀆請。諸賢安得不失敗也。庾翼之經略中原也。達詔北行。移鎭襄陽。都督征討諸軍事之命始下。（晉康帝建元元年）桓溫之伐漢（成李氏）也。拜表即行。委長史以留任。（晉穆帝永和二年）褚裒之伐後趙也。上表以後。即日戒嚴。直指泗口。征討大都督之命始下。（同永和五年）劉裕之伐南燕也。抗表輒行。朝議皆以爲不可。裕不顧。（晉安帝義熙五年）溫裕權臣無論矣。翼裒晉室忠臣。何以亦跋扈如此則以軍事緩急動有機宜。大將舉動。不能盡得朝臣同意。武夫力而戰。諸原書生坐而議其後。爲用兵者之大忌。晉室去古未遠。受儒敎之毒不深。故仗鉞專征之大將。猶能進退自如，不受廷議之牽掣如此。故能以蕞爾江南。屢抗大敵。對於五胡十六國。時常聲罪致討。爲漢民族生色。不至如南宋之稱臣稱姪。屈膝於夷狄也。宋明二代。儒學最發達。宗澤及韓岳吳劉諸大將。受環境之影響。不敢作破格之舉動。除去上書反對和議，主張進取，與權奸打口舌官司外。無他方法以貫徹自己之目的。故卒不能成功。而明之遼東邊事。亦皆受廷臣牽掣。名將如熊廷弼，孫承宗，皆被齮齕去職。卒不能大有作爲。則朝議之反覆不定害之也。諺曰。「秀才造反。三年不成。」証之於宋明二代之朝議。確乎其不誣也。前清宣統末年。民黨舉義。以幾紙檄文。幾封電報。威嚇寡婦孤兒。使之退位。借口舌筆墨宣傳之力。得意外之成功。民國成立以後。益踵事增華。中央政府地方政府與民間團體。每有舉措。必有幾篇冠冕堂皇文字。爲報紙添材料。以圖敷衍內外國人耳目。此等粉飾手段。於大局究何補也。

其七曰，胸無定見。富於雷同性附和性與盲從性也。周勃之誅諸呂也。振臂一呼。士皆左袒。漢高后八年 王莽之將篡位也。天下吏民前後爲莽上書頌功德乞封賞者四十八萬七千餘人。漢平帝元始五年 陳東之爭罷李綱也。軍民不期而集者數萬人。宋欽宗靖康元年 此等多數之人。大抵胸無成見。乘一時之意氣。雷同附和。敢作敢爲。勝則爭功。敗則諉過。羣衆心理。可利用而不可長恃也。載漪剛毅利用之。嗾使義和團排斥外人。屠戮基督教徒。釀成庚子之變。袁世凱利用之。嗾使楊度孫毓筠等發起籌安會。變更國體。當時官紳軍警工商各界之寡廉鮮恥者。多上書勸進。極力逢迎。甚至乞丐，優伶，妓女。亦皆組織團體。上書請願。帝制未成。而各省討袁軍已紛紛而起。從前擁戴袁氏者。皆反顏相向。肆行攻擊。於是此狙詐狡猾之老奸雄。遂氣結成病。鬱鬱以終。民氣之不可恃也如此。何以現在野心之陰謀家，猶欲利用青年血氣之勇，演成種種運動。摧殘國家之元氣也。

嗚呼，二十世紀之生存競爭社會。歐風美雨隨處播蕩。東亞大陸。已無閉關自守之餘地。我國歷史上傳來之國民性。是否適宜於當代之對外競爭。此眞疑難問題也。悟已往之不諫。知來者之可追。庶幾改之。予日望之矣。

民國十年十二月二十四日著者自跋於日本東京帝國大學附屬圖書館

敬啟

『民國專題史』叢書，乃民國時期出版的著名學者、專家在某一專題領域的學術成果。所收圖書絶大部分著作權已進入公有領域，但仍有極少圖書著作權還在保護期内，需按相關要求支付著作權人或繼承人報酬。因未能全部聯系到相關著作權人，請見到此説明者及時與河南人民出版社聯系。

聯系人 楊光
聯系電話 0371-65788063
2016年3月28日